中國詩人金潮

作者◎李孟洲

晴易文坊
www.sunbook.com.tw

圖一：胡錦濤於釣魚台會館

圖二：本書作者對胡耀邦之子胡德平（左）作深度訪談。

圖三：本書作者在山西省大寨村。

圖四：胡錦濤離開北京清華大學後的第一個工作地－甘肅劉家峽。圖為劉家峽水庫近年景況。

圖五：本書作者在貴州「遵義會議遺址」。

圖六：一九八九年「六四事件」發生後第三天，本書作者（左四）如此離開上海。

圖七：本書作者參訪湖南韶山毛澤東故居。

圖八：本書作者採訪中共「十六大」時，於新聞中心留影。

圖九：本書作者在江西共青城胡耀邦墓前。

中國詩潮

作者◎李孟洲

序

胡錦濤的經濟頭腦裡有「中年毛澤東」的成分

二〇〇五年十月八日至十一日，中國共產黨在北京舉行了「第十六屆中央委員會第五次全體會議」，簡稱「十六屆五中全會」。有人問我：「這個會有什麼重要性？」我回答說，如果把中國共產黨比擬作一家公司，則此會就是一年一度的「董事會」；而今年的董事會意義比較特別，因為，上任至此時已三年的該公司「胡董事長」在這個會上正式確定了他的經營運作大計方針：因此，「如果你要和這家『公司』做『生意』，非好好研讀他的文件不可！」

上述的大計方針，是指十六屆五中全會通過的「中共中央關於制定國民經濟和社會發展第十一個五年規劃的建議」。該「建議」實為二〇〇六年至二〇一〇年的「十一五」期間，中共和他們的「經理部門（以國務院總理溫家寶為首）」一起「投資經營中華人民共和國」的張本。它也是胡錦濤出任中共總書記以來，首次提出的系統化、全方位的執政治國方略，堪稱為「胡錦濤的政治經濟學」，而從商業角度來看，它也是胡錦濤「經營中國」的大戰略。

重組中國的經濟地圖

我寫的這本「中國濤金潮」，並未引述中共十六屆五中全會的文件（您很容易在中共的傳媒中查到這些文件），但客觀表述了胡錦濤這套「經營中國」新思維的來龍去脈，可以作為解讀、檢視中共相關文件的工具。

早在二〇〇二年十一月即登上總書記寶座的胡錦濤，上任初期並未有「一鳴驚人」、「一炮而紅」的舉止表現，他一方面和繼續擔任中共中央軍事委員會主席的江澤民分享權力，另方面則低姿態地審時度勢、微調政策取向。二〇〇三年四月「非典型肺炎」（SARS）疫情全面爆發時，他的領導治理能力備受考驗，人們也才第一次感受到這位新總書記的存在。直到二〇〇四年四月，他和溫家寶聯手強力執行「宏觀調控」政策，一手壓制過熱產業，另一手勤給農民發津貼，這時候人們終於領悟到「胡錦濤想做些不一樣的事情」。

二〇〇四年九月一日，江澤民致函中共中央政治局，請求辭去中央軍事委員會主席職務。此一「請求」，在同月十六日至十九日舉行的中共「十六屆四中全會」中正式通過；同時，胡錦濤接任中央軍委主席，成為主導中共黨政軍大權的最高領導人，海外媒體普遍順理成章評曰：「中國的胡錦濤時代來臨！」也從這個時候開始，「胡錦濤的政治經濟學」或「胡錦濤的經營中國學」開始顯山露水了。現在，這套思維正在重組中國的經濟地圖，也正在轉變中國的財富資源流向，您有必要把它深入探究一番。

九人團隊集體亮相追記

採訪中國大陸經濟新聞已近二十年的我，曾有多次「近距離觀察」胡錦濤的經驗，最近的兩次，一是在二〇〇二年十一月召開的「中國共產黨第十六次全國代表大會（十六大）」會議期間。二是在二〇〇五年三月召開的全國人大、政協「兩會」上；這次會議以審議通過「反分裂國家法」而名聞中外。

中共「十六大」連同會後緊接著召開的「十六屆一中全會」，使胡錦濤接替江澤民，成為中共的新任總書記。二〇〇二年十一月十五日，即一中全會選舉完成之日，當天近午時分，胡錦濤以新任總書記身份，率領新當選的全體中央政治局常務委員，連他合計九人，在北京人民大會堂「東大廳」的講台上，面向數百名中外記者，一字排開。我也是在場的記者之一。

身為總書記又是中央政治局常委的胡錦濤，代表這「九人最高領導集體」發表講話。我特別注意他言談的神態；感覺起來，他似乎努力改變自己以往給人的「拘謹」、「不苟言笑」的印象。如在逐一介紹政治局常委時，特別對羅幹加了一句：「他是我們團隊的老大哥。」就只這麼一句平凡得可以的閒談式語言，居然也引起了台下記者群一陣會心的笑聲，由此可見，胡錦濤平常給人的印象是多麼「酷」。

除此之外，胡錦濤還表示衷心感謝中外記者辛勞採訪「十六大」，並盼以後能和新聞界合作愉快。其言談間顯然頗用心於拉近他和新聞界的距離。

胡錦濤首度以總書記身份露面的鏡頭，通過新聞媒體向全世界傳播後，在人們心目中只留下「形象清新」的印象。對於他的內心世界，一般仍認為是一團謎。

宏觀調控的「理想國」色彩

當時我則注意到，他的言談舉止，似乎套在一個框框之內。肢體語言不若江澤民豐富，講話音調也不夠抑揚頓挫。一看就知，他是那種「按照一定規制」培植起來的人。

這樣的人，原則性極強。中國大陸有一組名言，說人「要有松柏的原則性，也要有楊柳的靈活性」。初步看起來，胡錦濤的性格比較接近松柏，意識型態很容易在他的腦海裡生根。這是我採訪中共「十六大」後，對胡錦濤這個人所作的初步研判。

後來的現實情勢發展，越來越向這個初步研判接近。特別是二〇〇四年四月後，胡錦濤和他的「總經理」溫家寶（中共中央政治局常委、國務院總理）聯手，雷厲風行加強執行「宏觀調控」政策，充分顯示胡錦濤心目中有一幅近乎「理想國」的經濟圖像；在那理想的國度裡，百業齊頭發展，人民生活差距不大，政府威權十足且隨時可以出面扮演公正仲裁者的角色，因而，社會運行在一套規制嚴謹的軌道上。

如果不是這樣，胡溫政府就不會大膽修改「發展才是硬道理」鐵則的內涵，去打壓房地產、鋼鐵、水泥、電解鋁等火速發展的過熱行業；這些行業，近年儼然中國大陸的繁榮表徵，並且是各「地方諸侯」的重要財源。

宏觀調控，本質上是「擋人財路」的事情，但胡錦濤畢竟幹了，其動因，與胡錦濤的理想性格大有關係。

完整的共產黨教育

出生於一九四一年十二月的胡錦濤，在二〇〇二年十一月當選總書記時的精確年齡是「五十九歲又十一個月」，也就是「還有一個月才滿六十歲」。這使得當時中共媒體有條件拿他的年齡，大作「中共領導層年輕化」的宣傳。

我卻注意到，他的出生時間距中國大陸政權易手、中共建國之時（一九四九年十月）僅有八年又十個月。換句話說，他只在國民黨統治下的中國大陸度過了不到九年的「童稚期」，其餘的求學、成長過程，全在五星紅旗的照耀下，他應是中共歷任總書記中，第一位接受完整的共產黨教育，且對國民黨統治歷史幾乎無切身經驗者。

如果武斷說：胡錦濤是個「標準化的共產黨員」，這雖不離譜，卻也流於抽象和空泛。因為，作為共產黨員的標準有很多套，主張「一大二公」人民公社的是共產黨員，疾呼「三自一包」經濟改革的也是共產黨員。胡錦濤究竟是哪一種？

直到他提出「科學發展觀」的論述後，我才比較清楚他的思路。這套出自胡錦濤個人的決策理念，讓我聯想起毛澤東在一九五六年四月二十五日發表的「論十大關係」。這先後相隔近五十年的兩種論述，居然有幾分神似，以致我不禁驚覺，胡錦濤彷彿一九五〇年代稍早的「中年毛澤東」，那時，毛澤東頭腦尚未發作「大躍進」的高燒，其內心仍是實事求是的，充滿全局平衡發展思維的。

解析「科學發展觀」

若要瞭解胡錦濤，必須參透他的「科學發展觀」，因為他天天提倡這個思想，且二〇〇五年十月中共十六屆五中全會通過的上述「十一五建議」中更強調：「堅持以科學發展觀統領經濟社會發展全局」。究竟，這是一種什麼樣的思維體系呢？

我查了中共中央相關文件，得到下述對「科學發展觀」的官方正式定義：

「科學發展觀是堅持以人為本，全面、協調、可持續的發展觀。以人為本，就是要把人民的利益作為一切工作的出發點和落腳點，不斷滿足人們的多方面需求和促進人的全面發展；全面，就是要在不斷完善社會主義市場經濟體制，保持經濟快速協調健康發展的同時，加快政治文明、精神文明相互促進、共同發展的格局；協調，就是要統籌城鄉協調發展、區域協調發展、經濟社會協調發展、國內發展和對外開放；可持續，就是要統籌人與自然和諧發展，處理好經濟建設、人口增長與資源利用、生態環境保護的關係，推動整個社會走上生產發展、生活富裕、生態良好的文明發展道路。」

「科學發展觀」是胡錦濤上任後提出的新思維，它在中共決策體系中的影響力，已凌駕了江澤民所主張的「三個代表重要思想」。

根據科學發展觀的「以人為本」思想，胡溫頻頻訪視經濟弱勢者和貧困地區，特別重視農民的生計問題。

又根據科學發展觀的「區域協調發展」內容，胡溫推動了「振興東北等老工業基地」政策，及「泛珠三角九加二區域經濟整合」計劃。

另外，科學發展觀主張「處理好經濟建設、人口增長與資源利用、生態環境保護的關係」，而這成了胡溫政府二〇〇四年大力推動「宏觀調控」的理論基礎。如果不是為「全面、協調、可持續的發展」，胡溫政府又何必放棄「大興土木式」的高速經濟成長路線，去打壓房地產、鋼鐵、水泥、電解鋁等行業的投資狂熱？

毛澤東的「論十大關係」

至於毛澤東的「論十大關係」於一九五六年四月二十五日發表時，全球社會主義陣營正處在蘇聯斯大林被鞭屍、匈牙利事件、布拉格之春等巨變的氛圍中，使中共面對一個相當詭譎的外部環境，而斯時大陸國內又有右派「百家爭鳴，百花齊放」的輿論攻勢，中共政權統治基礎有所動搖。在此一形勢下，毛澤東非但未走極端偏鋒，反而發表了這篇「協調矛盾」味道十足的「論十大關係」。這是毛澤東一生最後一篇四平八穩的文章，堪稱

「中年毛澤東」的思想極致。不久後他即腦筋發熱，大搞「三面紅旗」，想一步跨進共產主義天堂，走上歧途。

無論如何，「論十大關係」到今天仍有相當高的參考價值，特別是在用來對比「科學發展觀」的時候。

毛澤東在「論十大關係」一文中，提出了十個問題，並開宗明義說，「提出這十個問題，都是圍繞著一個基本方針，就是要把國內外一切積極因素調動起來，為社會主義服務。」這十個問題是：

一、重工業和輕工業、農業的關係。
二、沿海工業和內地工業的關係。
三、經濟建設和國防建設的關係。
四、國家、生產單位和生產者個人的關係。
五、中央和地方的關係。
六、漢族和少數民族的關係。
七、黨和非黨的關係。
八、革命和反革命的關係。

九、是非關係。

十、中國和外國的關係。

向「新民主主義」復歸

毛澤東在文章中，對這十個方面的關係，分別提出了「協調發展」的方法，如「適當地調整重工業和農業、輕工業的投資比例，更多地發展農業、輕工業」；「好好地利用和發展沿海的工業老底子，可以使我們更有力量來發展和支持內地工業」等等，餘不贅述。

總的看起來，毛澤東的「論十大關係」洋溢的精神，就是胡錦濤「科學發展觀」論述開頭的「以人為本，全面、協調、可持續的發展觀。」

因此，我們可以大膽論斷，胡錦濤經營中國的思維明顯受到毛澤東頭腦最清楚的中年時期經濟思想的影響。

而今天的中共經濟路線，也有向一九五〇年代初期「新民主主義」復歸的傾向。那時中共除了搞「社會主義改造」外，也維護了「民族資本家」的經營架構，即並行追求「公平」與「效率」，被認為是中共建政以來，最具有「協調發展」精神的時期。而後，毛澤東腦筋發熱，五〇年代末大躍進之後，又在六〇年代搞了「四清運動」和「文化大革命」，徹底丟掉「效率」，一味追求虛無的「公平」。

接著，鄧小平、江澤民兩朝，執行「先讓一部份人富起來，先讓一部份地區富起來」的「差異化發展策略」，結果，國家富了，國力強了，但內部的「公平」卻告偏失。

今天胡錦濤的施政重點，是在矯正晚近的「差異化發展策略」，回歸「論十大關係」的精神，其道理甚明！

本書內容結構大要

本書內容的主體是胡錦濤經營中國的大戰略，另外作為「配套」的內容，則是本書作者自一九八八年起實地採訪大陸經濟宏觀局勢變遷及代表性人物、場景的記錄，這部份以「中共高層經濟熱線採訪實錄」呈現，它當有助讀者瞭解當前「胡錦濤路線」的歷史背景。

我在廈門大學的指導老師胡培兆教授曾手書這麼一段話勉勵我：「歷史地看，現實地想，才能獲益」。這是我剛進廈大攻讀經濟學博士學位時，胡老師教我的研究中共政治經濟學的方法之一。如今，早已自廈大畢業的我，於撰寫此書時，仍將胡老師當初教的那段話作為指南，所以這本書的內容，乃是「歷史與現實的結合體」。希望這樣的結構，有助讀者掌握歷史發展軌跡，進而能由歷史經驗解讀現在，並估測未來。

我在從事大陸新聞採訪工作的漫長年月中，先後得到下列機構的僱用與支持：大陸現場雜誌（後改為中國通雜誌）、商業周刊、工商時報（中時報系余紀忠先生當年的大力培植，我終生感念）、環球經濟社、投資中國雜誌、投資中國信息網。如果沒有這幾家機構先後的支持，我不可能在持續那麼長的期間中，頻頻登上大陸，遊走五湖四海，見識大陸那麼多的人、事、地、物。在此我要向這幾家機構的相關主事者，致上最深的謝意。更要感謝我現在服務的《投資中國信息網》，因為本網給了我一個良好的採訪、研究、寫作環境，並有相關同仁熱心幫忙，可說是這本書誕生的溫床。

李孟洲 於二〇〇五年十二月

第一篇　胡錦濤經營中國大戰略

附錄二

毛澤東在「七屆二中全會」上的報告（摘錄）

中國共產黨七屆二中全會（第七屆中央委員會第二次全體會議），在一九四九年三月五日至十三日舉行於河北省平山縣西柏坡村。這是中共進入北京建立中華人民共和國國家政權之前的最後一次「中全會」，毛澤東在會上發表了這篇報告。由於中共現任總書記胡錦濤相當推崇這篇報告，本書特將該報告節錄登出。文內小標為本書作者所加。

附錄三

毛澤東「論十大關係」（摘錄）

一九五六年四月二十五日，毛澤東在中共中央政治局擴大會議上，以「論十大關係」，發表了重要講話。本書作者認為，這篇講話的基本精神，對當前中共總書記胡錦濤的「科學發展觀」思想的形成頗有影響，因而予以摘錄，供讀者參考。

第一篇

胡錦濤經營中國大戰略

第一章

胡錦濤突出「窮人經濟學」

黃土山溝裡培育出來的總書記

胡錦濤於二〇〇二年十一月正式接任中共中央總書記時，中共的改革開放「大戲」已被鄧小平和江澤民演過了，於是他巧妙地扭轉「政策列車」的路向，俾從另一個層面尋找揮灑空間。「訪貧問苦」成了他的「開局第一炮」，而他也迅速從這個方面樹立了政績，建立了個人威望，也擺脫了中共「指定接班人中途落馬」的宿命。

甘肅省會蘭州市西南方約八十公里處，永靖縣內，中共當局在那兒攔截黃河河谷，建成了著名的「劉家峽水庫」，水庫下方設有發電廠，蔚成大陸西北地區重要的水利和電力基地。（圖四）

靜肅蒼涼的「劉家峽」

一九九四年夏天，我（本書作者）去劉家峽採訪，抵達時才訝然發現，在甘肅的黃土山溝裡，竟然存在著如此碩大的水庫。坐上汽船，從頭走到尾，耗了將近兩小時。當地人告訴我，這劉家峽水庫全長有五十公里呢！

下了船，登岸是古蹟「炳靈寺石窟」。只見山壁上一個挨著一個的石窟裡，都是古人留下來的佛雕像。站在石窟旁，望向四周光禿禿的荒山，以及水庫的蔚藍波光，感覺靜肅中帶有幾分的蒼涼。

大壩下方的「劉家峽電站」，利用黃河水力產生電能。巨大的壩體和嚴整的放流粗管，構成的圖像很難和潑辣、泥濁的「黃河印象」擺在一起。但這裡是如假包換的黃河啊！

胡錦濤離開清大後第一個工作地

劉家峽，顯然是中共治理黃河的大手筆代表作。我在劉家峽電站內親眼看到，毛澤東親筆題寫的一句名言高掛在那兒，就是：「一定要把黃河的事情辦好」。

劉家峽，即是當今中共最高領導人胡錦濤當年離開北京清華大學後第一個工作的地方。

根據中共第十六次全國代表大會（十六大，二〇〇二年十一月舉行、圖八）正式公布的資料，胡錦濤的早期經歷是：

一九五九～一九六四　清華大學水利工程系學習

一九六四～一九六五　清華大學水利工程系學習，並任政治輔導員

一九六五～一九六八　清華大學水利工程系參加科研工作，並任政治輔導員（「文化大革命」開始後終止）

一九六八～一九六九　水電部劉家峽工程局房建隊勞動

一九六九～一九七四　水電部第四工程局八一三分局技術員、秘書、機關黨總支副書記。【註一】

所謂第四工程局八一三分局，好像挺神秘的一項工程。這是中共戰時保密觀念和黨一元化的表現，實際上就是建設劉家峽水電站，負責機電組裝和樞紐管理等工作的執行單位。【註二】

傳統社會主義作風

總計胡錦濤為劉家峽工作的時間，長達七年。因此，把胡錦濤在劉家峽的經歷，作為研究他個人如何認識經濟事物、培育思維能力的平台，具有一定程度的說服力。

二〇〇二年十一月，我在北京人民大會堂的中共「十六大」會場內，目睹了胡錦濤接替江澤民出任中共中央總書記的過程，腦海裡則不斷浮現著自己當年親歷劉家峽的印象，也試圖把劉家峽這個地方和胡錦濤這個人緊密地聯繫起來。

如果說，劉家峽水電站的建設，給胡錦濤的思維帶來深刻啟發的話，那肯定是「艱苦樸素」、「集中力量辦大事」那樣的「傳統社會主義作風」。

馬克思：存在決定思維

我查了劉家峽水電站的資料，知道它是在一九五八年，即「大躍進」熱火朝天之際動工興建的，設計的壩高一百四十七公尺，蓄水量五十七億噸（約等於二十個台北翡翠水庫）。

這座在當時稱得上是亞洲最大的水電站，工程進度受「三年困難時期」（台灣稱其為「大飢荒」，一九五九～一九六一年）以及中共政經路線反覆的影響，時斷時續，直到胡錦濤抵達當地工作時的六年後，即一九七四年，才告峻工發電。

胡錦濤在劉家峽曾經投入體力勞動，與磚瓦木石、機械零件為伍。套用共產黨理論宗師卡爾．馬克思的理論：「存在決定思維」，可以說胡錦濤的思維裡，早已烙上了深深的「劉家峽印記」，那種風格是大西北的、集體的、勞動的，以及，和大自然條件激烈互動的。它和江澤民年輕時留下的「上海印記」、「莫斯科印記」、「長春印記」（第一汽車廠），實大異其趣。

事實上，不只劉家峽的七年，胡錦濤四十歲以前的青年時期，幾乎都與灰撲撲的黃土高坡結合在一起。一九七四年，他結束了水電部第四工程局八一三分局的工作，但並未離開甘肅省，而是進了該省的建設委員會。中共「十六大」對他一九七四年以後的經歷如此記載著：

一九七四～一九七五　甘肅省建委秘書

一九七五～一九八〇　甘肅省建委設計管理處副處長

一九八〇～一九八二　甘肅省建委副主任，共青團甘肅省委書記。【註三】

一九八二年，胡錦濤四十歲，被調進北京，出任共青團中央書記處書記，全國青聯主席，正式結束了他漫長的「甘肅生涯」。

連同劉家峽的七年，總計胡錦濤在甘肅工作了長達十四年的時間。在這十四年之中，中國歷史進程從「文化大革命」高潮，走到「活捉四人幫」那一幕大戲的演出，再走到「改革開放」的大轉折，是天翻地覆、激烈動盪的滄桑巨變時期。這也正是胡錦濤型塑本身思維架構的時期；中國政經大局的幻變，加上艱困的大西北環境，毫無疑問地已對他的世界觀和人生觀，造成不可磨滅的影響。

中國最艱困的省份

甘肅省由來是中國最艱困的省份，「三西地區」（甘肅河西、定西與寧夏西海固一帶）的窮困程度，更在全中國數一數二。

我旅行過甘肅省部份地區，深知該省除黃河沿岸及河西走廊外，其他地方大都環境艱困，不易生存。尤其西端靠近新疆之處，已是遍地沙礫的「戈壁灘」。即使是省會蘭州，四週環境也荒涼得令人吃驚，城外都是長不出樹木的荒山，農民外出種地無處可遮陰，只能在山腳挖洞，作為躲避烈日的休憩之所。而蘭州四郊由於群山環繞，平地奇少，機場只好建在離市區五十公里遠的地方。

西北和西南經驗相疊加

在甘肅省待了十四年的胡錦濤，內心深處肯定充塞著中國貧窮、落後那一面的影像，因此他的思維傾向也比較偏於「內向型」，也就是凡事從中國的「深層結構」作為思索的起點。這種思維使胡錦濤成了不折不扣的「西部幫」，它的意涵，和人們所熟知的「上海幫」，有顯著的差異。

一九八二年，胡錦濤被上調北京，出任共青團中央書記處書記和全國青聯主席。一九八四年，升任共青團中央書記處第一書記。但一九八五年，他又被外放，擔任貴州省委書記；一九八八年，再調任西藏自治區黨委書記。這兩任「封疆大吏」，合計幹了七年，而且都在艱困的西南地區，與他年輕時在甘肅的「西北經驗」相疊加，對其思想的衝激作用實不可小覷。

新總書記首次出京外訪

一九九二年，胡錦濤再度回到中共中央，出任中央政治局常委及中央書記處書記，從此在黨中央平步青雲，終而成為最高領導人。

在西部窮山惡水中被培育出來的胡錦濤，於二〇〇二年十一月接任中共中央總書記後，十二月首次出京外訪，目的地是一個山裡的「革命老區」，河北省平山縣西柏坡。這個舉動具有高度的政治象徵意義，一來表示他把最基層民眾的利益放在第一位，二來顯示他將吸收「老一輩革命家」的革命精神，作為未來施政的張本。

西柏坡位在河北省、山西省交界處附近的太行山中，是一九四九年中共中央進入北京建國前的最後一個駐地。當時毛澤東在這裡「準備進京趕考」，即學習由鄉村進入城市當政的學問，留下豐富的史蹟和史料。中共歷任領導人都會去西柏坡朝聖，但像胡錦濤一樣，把參訪西柏坡作為執政起點的，則屬罕有。唯無論如何，西柏坡雖神聖卻相對貧困落後，與中共其他「革命老區」一樣，仍是山溝裡的農業經濟。

胡錦濤在西柏坡，除實地瞭解群眾生產和生活的問題，表達中央協助解決問題的誠意外，最引人注意的是，他發表了重要講話，大力頌揚當年毛澤東在此地召開中共「七屆二中全會」時所提倡的作風。胡錦濤的講話題目為「堅持發揚艱苦奮鬥的優良作風，努力實現全面建設小康社會的宏偉目標」，其中強調了毛澤東在「七屆二中全會」所提出的「兩個務必」，即「務必繼續保持謙虛謹慎不驕不躁的作風」和「務必繼續保持艱苦奮鬥的作風」。

批判拜金主義和奢靡之風

他在講話中指出：

「應該看到，這些年來，拜金主義、享受主義和奢靡之風在黨員隊伍和幹部隊伍中有滋長蔓延之勢，艱苦奮鬥的優良作風在一部分黨員、幹部那裡被淡忘了，在少數人那裡甚至被丟得差不多了。大量事實表明，在新的歷史條件下，能不能堅持發揚艱苦奮鬥的優良作風，能不能經得起權力、金錢、美色的誘惑，對每個黨員特別是領導幹部是一個很現實的考驗。我們講艱苦奮鬥，當然不是要人們去過清教徒式、苦行僧式的生活，也不是要否定合理的物質利益，而是要大力提倡艱苦奮鬥、自強不息、與時俱進、開拓創新的精神，要求每個領導幹部始終保持共產黨人的政治本色。越是改革開放和發展社會主義市場經濟，越要弘揚艱苦奮鬥的精神。即使將來我們的國家發達了，人民的生活富裕了，艱苦奮鬥的精神也不能丟。那種認為艱苦奮鬥是老一套，已經過時了的想法是錯誤的，也是很有害的。」【註四】

在「非常時期」接掌「非常中國」

這樣的講話內容，深深打動了基層民眾的心，對於那些因看不慣貪污腐敗、權錢交易而心懷不平的普羅百姓，更具有安撫作用。因為，這種話由「飽經西部風霜」的胡錦濤口中說出來，無疑是具有高度說服力的，也給人「順理成章」的感覺。

胡錦濤藉由個人生涯歷程所累積出來的形象特色，成功地打響了第一炮。但值得注意的是，他走這條路線，並非純然因個人生涯歷程的「慣性」與「連續」所使然，另外還有一個更重要的因素是，他在一個「非常」的時期，接掌了一個「非常」的中國。客觀的形勢和他個人主觀的思維交互作用結果，使他走上一條和前任領導人顯著不同的執政道路。這些主客觀因素，主要包括：

改革開放主戲已演過了

第一，改革開放的「主戲」已被鄧小平和江澤民「演過」了。

胡錦濤上任時，中國大陸已經改革開放到這樣的程度：

(一)中國成為世界貿易組織（WTO）的會員體，其經貿運行機制與世界接軌。

(二)私營企業主和個體戶都已被允許加入中國共產黨，傳統的「無產階級專政」思想成為歷史。

(三)國有企業和民營企業、私營企業大肆作「資本混血」，以往根正苗紅的「國有經濟」，不再旗幟鮮明，「混合經濟」則大行其道。

(四)股票炒作成為全民運動。在「十六大」召開前的江澤民執政末期，上海股價指數一度漲達二千五百點。

第二，改革開放的後遺症總爆發。

在胡錦濤登上總書記寶座的二〇〇二年十一月，中共改革開放路線已走了二十四年整（從一九七八年年末的「十一屆三中全會」起算），中國經濟體系已全面翻新，國家經濟力與人民生活水平均巨幅翻升。但另方面，改革開放的後遺症，經多年蓄積，已至總爆發階段，若未能加以疏導，恐一發不可收拾。舉其犖犖大者包括：

治安機關的「三期」理論

（一）中國大陸「人均GDP」（平均每人國內生產毛額）於二〇〇三年突破一千美元大關。社會情勢也因此進入高度不安定時期。

中共治安機關把這個時期稱為「三期」，即「人民內部矛盾凸顯」、「刑事犯罪高發」、「對敵鬥爭複雜」的時期。在相關機關研究「三期」成因的過程中，一個得到眾多認同的說法，是發展中國家一般在人均GDP 一千至四千美元這一階段，是各種矛盾尖銳、刑事犯罪高發、社會急劇動盪的時期，中國目前也正處於這一階段。而處在這一時期的中國，具體的動盪因子，根據中共治安機關的研究結果，計包括：

一、工業化、城市化的加速，造成了人口的大遷徙。

二、由於社會管理漏洞較大，機會不均等，教育欠發達造成人員素質差異等原因，使收入差距不斷擴大，整個社會兩極分化嚴重。

三、法制建設相對滯後，使一些人（包括部份政府官員）為追求財富鋌而走險，也使另一些人往往採取極端手段發洩對社會的不滿。

四、傳統道德觀念受到衝擊，新時期公民道德意識尚未普遍建立，浮躁、頹廢、憤世、追求感官刺激成為許多人的時尚。

五、西方敵對勢力不會甘心讓中國強大，因此總是千方百計地對中國進行滲透、顛覆、搗亂、破壞。

六、以互聯網為代表的現代傳媒迅速普及，人們掌握的信息成倍增加，思想空前活躍。

七、其他。【註五】

大興土木留下後患

（一）過去為高速發展經濟，過度偏好「短平快」項目，造成經濟發展方向偏差，以及經濟成長質素的偏低。

一言以蔽之，「大興土木」是以往中共當局相當偏好的經濟發展手段，即投入巨資搞大建設、大生產線，乃至各色各樣的開發區、大學城、物流中心、商貿中心等硬體建築。這種發展方式，讓大陸各地的經濟景觀「一年一個樣，三年大變樣」，營造出昌盛繁榮的景象，也容易抬高GDP的數字。

但是，流風所及，卻造成經濟發展方向的嚴重偏差；各地習於搞「形象工程」、「面子工程」，且「只重投入，不重效益」，使中國成為世界上最引人側目的「浪費土地與原材料」的國家。

流風波及上海房市

尤其是自一九九八年起，中共為因應亞洲金融危機，採行了「積極財政政策」，各級政府更加積極灑錢搞建設，把這種「大興土木」發展模式推向高潮。

即使是舉世公認在全大陸經濟品質最佳的上海市，在這方面也不落人後。如自二〇〇〇年左右開始，上海市即明顯以炒作房地產市場作為吸收內外資的主要手段。

本世紀初年，上海市房價年年漲，且一度是月月漲甚至日日漲，造成普羅市民望房興嘆，顯示上海市經濟發展方向偏差程度相當可觀。

民間消費與投資乏力

經濟學家黃衛平、朱文暉認為，在一九九八至二〇〇三年的五年間，中國經濟出現了「內外同步失衡」的怪圈，其演化過程為：保證經濟增長率→追求外貿順差→外匯儲備激增→利率走低→貨幣政策失靈→擴張性財政政策→財政赤字增大→希冀擴張性財政政策淡出→進一步擴大出口。【註六】

換言之，在新舊世紀之交，中國經濟增長的動力，偏重於兩個方面，一是外貿出口，二是擴張性財政政策。而擴張性財政政策的主要表徵，即是政府撥款，大興土木。反觀其他的經濟增長動力源，即民間消費和民間投資，表現乏力。

貪污腐敗愈演愈烈

㈢貪污腐敗愈演愈烈，共產黨和群眾關係出現疏離化傾向。

由於體制因素，中共部份官員貪污腐敗、權錢交易現象伴隨改革開放而生，且改革開放程度逐年加大，貪污腐敗情況亦逐年惡化，歸結原因，主要為中共當局的公權力介入實際經營領域太深，為那些不法官員帶來頗多「上下其手」的機會。

一九九八年以後的「積極財政政策」，誠然在亞洲金融危機期間撐持了中國經濟於不墜，但另方面，由於政府主導了太多工程建設項目，似也造成更多的貪腐案件。

貧富差距和地區差距

㈣貧富差距和地區差距同步擴大，社會上的階級對立氣氛趨濃烈。

二〇〇一年十二月十一日，中國社會科學院公布了「當代中國社會階層研究報告」，指出中國大陸經過二十多年的改革開放後，社會階層已發生了巨大變遷，以往簡單的社會結構判斷模式「兩個階級，一個階層」（工人階級、農民階級／知識份子階層），已不符合當今的實際。

該報告列出的當今十大社會階層是：

一、國家與社會管理階層

二、經理人員階層

三、私營企業主階層
四、專業技術人員階層
五、辦事人員階層
六、個體工商戶階層
七、商業服務業員工階層
八、產業工人階層
九、農業勞動者階層
十、城鄉無業、失業、半失業者階層。【註七】

這十大階層，按其排序有高下之分。人們可以發現，原本作為「國家主人翁」的工人階層，和原本作為工人「同盟軍」的農民階層，在排序中掉到了第八、第九位，僅高於「無業遊民」，而工、農佔有的人口比例又最大。這個殘酷現實，真叫人捏冷汗。

多數人收入成長牛步化

對於中國大陸貧富差距擴大問題的嚴重性，海外媒體作了頗多露骨的報導，其中對中共採批判立場的媒體，乾脆引用「朱門酒肉臭，路有凍死骨」的古詩句來形容。事實上，中國大陸二十多年來的改革開放，因採取「先讓一部份人富起來，先讓一部份地區富起來」的差別發展策略，確實製造出了長長的新富隊伍，但由於財富流向的傾斜，另有更多的一批人，收入成長牛步化，無法累積財富，生活水平僅能以溫飽為足，與新起的富人相比，形成巨大的反差。

即使擅於「修飾」的中共官方的統計，也無法完全掩蓋這個問題。以中國國家統計局公布的統計數字來看，「城鎮居民人均可支配收入」和「農村居民人均純收入」的倍數差距，近幾年來即持續擴大，如一九九八年，前者（城鎮）為五四五八元（人民幣，下同），後者（農村）為二一六二元，前者為後者的二點五二倍。但到了胡錦濤接任總書記的前一年（二〇〇一年），前者已增至六八六〇元，後者卻僅增至二三六六元，前者為後者的二點八九倍。

至於地區差距，以上海市和山西省相較，一九九七年上海市居民人均收入是山西省的一點六九倍，但到二〇〇〇年，已擴大到二點四八倍。【註八】

擺脫指定接班人的宿命

第三，胡錦濤必需迅速立威，以擺脫「指定接班人中途落馬」的宿命。

鄧小平自一九七八年復出掌權後，曾接續指定三位接班人，第一位是胡耀邦，第二位是趙紫陽，第三位是胡錦濤。至於江澤民則是在因緣際會之下，被鄧小平接受為接班人，並非鄧小平有計劃培養出來的。

胡耀邦、趙紫陽在一九八〇年代之內先後倒台了。胡錦濤則是在一九九二年，江澤民已坐定大位的情況下，由鄧小平「隔代指定」，交給黨中央有計劃培養成江澤民的後繼人選。

作為一位「指定接班人」，胡錦濤必然記取歷史教訓，以擺脫指定接班人的宿命，其最佳方法，是在實際接班後，迅速樹立政績以建立威勢，拋開虎視眈眈的競爭者。

改革的邊際效益已遞減

在這方面胡錦濤面對的是一個比較礙手礙腳的環境。他於二〇〇二年接任總書記時，中共改革開放政策的新增效用已比以往減少，但副作用卻相對逐步擴大，甚至可以說，胡錦濤接下了江澤民的總書記位子，卻也同時概括承受了江澤民任內採行政策的一切效應，無論是好的或是壞的。此時的胡錦濤，一方面要整治「改革開放的後遺症」，另方面要趕快找到新的舞台來迅速創造政績、建立權威。

正如大陸經濟學家何清漣所言：「從一九七八年至今，中國經濟改革已在各種陣痛中行進了整整二十年，目前正經歷著『邊際效益遞減』的痛苦歷程。」【註九】她認為，改革開放的結果，使一部份人承擔了改革代價，另一部份人卻享受改革成果，因此，她提出了一個重要的命題，就是「改革中的公正問題屬於何種地位？」【註十】

從技術面作政策微調

沒有證據顯示，像何清漣這樣的主張曾經對胡錦濤的思想發生了影響，但胡錦濤的實際作為顯示，他自坐上中共中央總書記的位子之後，即開始走上與前任總書記不一樣的道路。

胡錦濤的第一步做法很巧妙，他並沒有急著改動舊有的政策綱領，而是從操作技術面進行「微調」。因此，他上任伊始，第一次出京外訪是到河北省平山縣的西柏坡，第二次出京外訪，是到內蒙古。以「訪貧問苦」行動作為「開局第一炮」，其所放出的政治訊號相當強烈，明顯地告知世人，他準備把政策的指針向弱勢群體、弱勢地區位移。而「訪貧問苦」的作法，在中共的基本思維中，是最具有政治合理性，又最少有政治風險的作為，用它來「掩護」政策調整，最無爭議。

初期的「江規胡隨」

胡錦濤接任總書記後的第一年（二〇〇二年十一月至二〇〇三年十月），中共中央表現出了濃厚的「江（澤民）規胡（錦濤）隨」的氣氛。此期間召開的兩次中央委員全體會議，大抵是例行公事。

其中的第一次（十六屆一中全會，於中共「十六大」閉會日之次日，二〇〇二年十一月十五日舉行），主要是為了選出黨的新領導班子，包括中央政治局委員、中央政治局常務委員、中央書記處書記、中央軍事委員會主席、中央紀律檢查委員會書記等。

至於第二次（十六屆二中全會，於二〇〇三年二月二十四日至二十六日舉行），主要是為了向次月舉行的全國人大、政協兩會提供「政府換屆改組推薦名單」，包括新任國家主席、人大委員長、國務院總理、政協主席等人選；這是五年一度的例行改選。除此之外，十六屆二中全會另提出了「關於深化行政管理體制和機構改革的意見」，以作為次月「兩會」通過「機構政革方案」的張本；而事實上，該方案是為了因應中國加入WTO等新形勢而提出，算是前一任領導人施政的餘緒，稱不上是胡錦濤的創作。

SARS試煉出胡溫的聲望

到十六屆二中全會舉行完畢之時，外界對於胡錦濤在中共中央的地位，觀感上還相當模糊，只見他和政治夥伴，即新上任的國務院總理溫家寶四處訪貧問苦，表現了十足的親民形象，但他在中共中央內部的影響力究竟如何，一般均不甚了了。

在十六屆二中全會結束後不久，中國的SARS（非典型肺炎）疫情於三月底爆開；這項重大的傳染病災難，誠然給中國人帶來不幸，但人們在驚恐中另外發現，胡錦濤和溫家寶有力地挑起了掛帥抗疫的重責大任。由於他們經常出現在抗疫的第一線，且主導了對抗疫失誤官員的懲處（免去衛生部長張文康、北京市長孟學農職務），人們第一次感受到新任中共中央總書記的聲威，可說胡錦濤的政治聲望是在此次SARS的災難中淬煉出來的。

十六屆三中全會顯山露水

在SARS疫情發作期間，胡錦濤的政治主張尚未表現個人的特色。如該年七月一日，中共中央舉行大規模的「三個代表重要思想」理論研討會，胡錦濤發表講話，宣稱要「興起學習貫徹三個代表重要思想新高潮」，這「三個代表」【註十一】是江澤民在其總書記任期尾聲提出來的共黨新理論，在江澤民於二〇〇二年十一月卸下總書記一職後，經胡錦濤予以「概括承受」，也成了胡接任後初期的主體思想。

不過，到二〇〇三年十月十一日，中共「十六屆三中全會」召開時（此時SARS疫情已結束），胡錦濤彷彿已完成了「新生訓練」，正要顯山露水。

當時中共中央直轄的新聞媒體報導表示，胡錦濤對於十六屆三中全會的文件，不僅親自指導文件起草、架構，還逐字逐句審閱每一次的討論稿，直到文件出爐的前一

天，都還親自參與審議。【註十二】

二〇〇三年十月十四日通過的「中國共產黨第十六屆中央委員會第三次全體會議（十六屆三中全會）公報」，充分體現了胡錦濤個人的思維，與「十六屆一中全會公報」、「十六屆二中全會公報」的率由舊章，差別甚大。

「五大統籌」登上檯面

其中最有代表性的論述，是「統籌」的思想，原文說：「要按照統籌城鄉發展、統籌區域發展、統籌經濟社會發展、統籌人與自然和諧發展、統籌國內發展和對外開放的要求，更大程度地發揮市場在資源配置中的基礎性作用，為全面建設小康社會提供強而有力的體制保障」。

中共當局後來以「五大統籌」來簡稱上述的五大統籌方向（城鄉、區域、經社、人與自然、國內和對外），一時成為熱門用語。

這「統籌」一詞實具有深意，它具體表示，中共以往為追求經濟高速發展而採行的「不平衡發展策略」，已經終結。

鄧小平生前倡導的「先讓一部人富起來，先讓一部份地區富起來」政策，到此完成歷史任務，被輕輕放下。而江澤民在位時提出的「三個代表」思想，雖在中共「十六大」列入黨章，成為繼任者理當奉行的指導思想之一，但「統籌」思想也對它發生了微妙的調整作用。

開始算計成本與效益

「五大統籌」和「三個代表」究竟有何不同？如果說，「三個代表」是要鼓勵中共黨人「奮不顧身求發展」的話，那麼「五大統籌」卻相對多了一份「講成本效益平衡」的思維，包括經濟成本與經濟效益、社會成本與社會效益、自然環境成本與自然環境效益等。這些都成了胡錦濤急著要算計的帳目。

二〇〇三年底，SARS驚魂甫定，中國大陸社會接續爆出另一個重大問題，就是農民作家陳桂棣、吳春桃所撰述的「中國農民調查」一書內容曝光，書中揭露了改革開放時代裡，「中國農民生計的艱難，負擔的沈重和某些村、鄉、鎮幹部的欺上壓下、橫徵暴斂、敲骨吸髓，乃至草菅人命」【註十三】。這本書在大陸社會引起了很大的震動，海內外知識界因此大挖中共對待農民政策的瘡疤，大有為農民撐腰向政府算總帳之勢。數月之後，中共當局將該書列為禁書，使其在市面消失。

農民問題成新政著力點

但很辯証地，農民問題被攤在陽光下，雖然造成中共的顏面受損，另方面卻也給新當權的胡溫政府營造了實施新政的著力點。

一場針對農民問題而作的政策大翻新，差不多和「中國農民調查」一書內容的曝光和書的出版同時展開。

二〇〇三年十二月底舉行的中共中央農村工作會議，通過了「中共中央國務院關於促進農民增加收入若干政策的意見」，隨後以「二〇〇四年中央一號文件」正式公布。

這份被中共中央媒體稱為「具有劃時代意義」的文件，是一九八六年以來第一次針對「三農」【註十四】問題而發出的「年度中央一號文件」，其突出的政治象徵意義不問可知。

把錢直接裝進農民的荷包

至於文件內容，從保護耕地、增加投入、發展糧食產業、到減免稅賦等等。其中有一個非常凸顯的特色，通俗地說，就是「政府把錢直接裝進農民的荷包，讓農民立時感受到手中現金增加的實惠」，具體的方法，一是直接補貼，二是順勢提高糧價，三是擴大貸款，四是開始逐步減免農業稅。

與近十餘年來的三農政策相比，這一次胡錦濤把政策「一竿子插進農民的荷包」，這比任何的長篇大論更能收攬廣大農民的心。而胡錦濤的政策主要導向，至此已完全確立，就是以政府力量，直接挹注經濟弱勢者，其中，佔有九億人口的農民是最大宗。

二〇〇四年三月全國人大、全國政協「兩會」召開時，胡錦濤的政治夥伴溫家寶首度以國務院總理的身份上台發表「政府工作報告」（上一年「兩會」是由當時即將卸任的總理朱鎔基作報告）。順應著「二〇〇四年中央一號文件」所設定的原則，溫家寶的報告也端出了對農民具有立即實惠的「牛肉」。

直接補貼種糧農民

比較二〇〇三年的朱鎔基報告，二〇〇四年的溫家寶報告多了這些內容：

第一，減稅。從二〇〇四年起逐步降低農業稅率，平均每年降低一個百分點以上，五年內取銷農業稅。二〇〇四年農業稅降低可使農民減輕負擔七十億元。為支持農村稅費改革，二〇〇四年中央財政拿出三百九十六億元用以移轉支付（即無償撥付），並加快推進縣鄉機構等配套改革（讓農民減少負擔地方政府經費和地方幹部工資）。

第二，補貼。二〇〇四年國家從糧食風險基金中拿出一百億元，直接補貼種糧農民。

第三，搞活糧價。全面放開糧食購銷市場，加快國有糧食企業改革，加強糧食市場管理和調控（讓糧價可以隨行就市上浮，擺脫「穀賤傷農」的宿命）。

清理積欠農民工的工資

第四，維護農地權益。在農村土地徵用中，要嚴格控制徵地規模，依法按規劃和程序徵收，及時給予農民合理補償，切實保護農民合法權益。

第五，清理積欠農民工的工資。切實保障農民工工資按時足額支付。當前要抓緊解決剋扣和拖欠農民工工資問題。國務院決定，用三年時間解決建設領域拖欠工程款和農民工工資問題。清欠要從政府投資的工程做起，同時督促各類企業加快清欠。對拖欠工資拒不支付的企業和經營者，要堅決依法查處。要建立健全及時支付農民工工資的機制，從源頭上防止新的拖欠。

增加補助城鎮低收入者

二〇〇四年的「政府工作報告」，也公布了諸多加強照顧城鎮經濟弱勢者的措施。除了如往年政府工作報告一樣，強調「建立與我國國情相適應、與經濟發展水平相適應的社會保障體系。對城鄉特殊困難群眾，要給予更多的關愛。繼續完善社會救助制度。切實幫助特殊困難家庭解決就醫看病、子女上學、住房、冬季取暖等實際困難。完善農村『五保戶』生活保障制度，確保供養資金。」之外，另宣布二〇〇四年中央財政用於城市低收入者的補助資金，比上一年顯著增加。

除此之外，則新規定城鎮房屋拆遷要完善補償安置、強化監督檢查，以及嚴格要求各類企業按時發放工資，不得拖欠。此部份與對農民保護農地權益，及清理積欠農民工工資之作法，互相呼應。

農民出外打工熱降溫

在二〇〇四年裡，胡錦濤每次到農村視察，總是問農民「補貼款拿到了嗎？」或「現在生活過得怎麼樣？」等問題。

而在這一年內，中共的農業政策牽動了工商業的經營環境。廣東珠江三角洲在既有的「缺電」問題之外，突然又冒出了「缺工」問題。原來，在中共加強挹注三農的情勢下，許多農民工選擇留在內地家鄉務農，不出來工作了。以往珠江三角洲工廠招工現場，大批農民工應徵的人頭攢動局面，成為過去式。

新的農業政策作為也影響了城鎮居民的生活。二〇〇四年內，糧食和副食品零售價顯著抬高（約上升了五〇％）。這一年下半年的全國消費者物價指數上漲率逐月抬升，甚至一度衝破五％大關，並導致中國人民銀行於十月間宣布調高銀行利率。此一物價新情勢，即與糧價抬高有密切關係。

結束中國農民「繳皇糧」的歷史

二〇〇五年三月，大陸全國人大、全國政協再度召開一年一度的「兩會」。三月五日上午九時整，人大會議開幕，第一個節目是由國務院總理溫家寶作年度的「政府工作報告」。當他講到：「明年將在全國免徵農業稅。原定五年取銷農業稅的目標，三年就可以實現。」之時，會場響起一陣熱烈的掌聲；掌聲的「強度」和溫家寶在其他段落講到「祖國統一」時所引發的掌聲比較，實不相上下。當時我正在北京人民大會堂的「兩會」現場內採訪，對於人大代表們給予農業政策的那陣掌聲，印象特別深刻，感覺是自己採訪大陸經濟新聞近二十年來的一個新鮮經驗。

如果說，「提前實現免徵農業稅」，是胡溫政府特別安排在二〇〇五年全國人大、政協「兩會」端出來展示的政績，應不為過。而大陸輿論界亦對此措施賦予「結束了數千年來中國農民『繳皇糧』的歷史」的深刻意義，意謂胡溫政府已因此開創了歷史的新紀元。

在這一年的「政府工作報告」之中，同時強調了「工業反哺農業、城市支持鄉村」的新方針，彷彿中共政府已下定決心，要償清以往對農民的一切虧欠。

下崗工人實際拿到補助金

除此之外，這份「政府工作報告」，對於其他經濟弱勢者也提出了許多實質的幫扶措施，其做法仍不外乎「政府實際拿錢，送進窮人的荷包」。

在二〇〇五年「兩會」舉行期間（三月上半月），本書作者與一位北京市民閒聊，得知北京市的下崗工人最近已能按月實際拿到生活補助金，每人每月拿人民幣三百三十元。

其實，中共當局在多年前已提出補助窮人生活費的政策，只是，長期以來，各級地方政府執行力度參差不齊，有些地方按期支付，有些地方則打馬虎眼，光說不做。相較之下，今天的胡溫政府在做法上主要的差異是，以中央政府的權威，強力要求各級政府必需照章支付，並動用中央財政予以挹注。

溫家寶述說「窮人經濟學」

溫家寶在二〇〇五年「兩會」結束後舉行的中外記者會上，有這麼一段帶有個人情感的表白：

「我想起了諾貝爾獎獲得者、美國經濟學家舒爾茨的一句話。他說，世界上大多數人是貧窮的，所以如果我們懂得了窮人的經濟學，也就懂得許多真正重要的經濟學原理。世界上大多數窮人以農業為生。因而，如果我們懂得了農業，也就懂得了窮人的經濟學。我不是經濟學家，但我深知農業、農民和農村問題在中國的極端重要性。沒有農村的小康，就不會有全國的小康；沒有農村的現代化，就不會有全國的現代化。」

他提到的「窮人經濟學」這個名詞，似乎是胡溫政府經濟決策思維的一個重要組成部份。但是，既然叫「經濟學」，就有供需原理和市場法則，而不是簡單的「撥款濟助」。

並不只「幫助窮人」的簡單概念

如同國民經濟要「永續發展」一樣，援助窮人的政策措施也要「永續發展」，不能在撥款乏力時，即告中止。因此，「胡錦濤政治經濟學」的定義，絕不只「濟弱扶傾」、「幫助窮人」這些簡單概念所可一語帶過。讓我們再檢視他在其他層面的作為之後，再作結論吧！

〔註釋〕

註一：「十六屆中央領導機構成員簡歷」，北京，中國共產黨第十六次全國代表大會文件，頁三～四，二〇〇二年十一月。

註二：楊中美著，《中共新領袖胡錦濤》，台北，時報文化出版公司，二〇〇二年十一月十一日初版，頁七十四。

註三：同註一。

註四：胡錦濤二〇〇二年十二月的「西柏坡講話」，詳見本書附錄。

註五：李江（湖南省公安廳廳長），「『三期』的成因與對策思考」，北京，《長安雜誌》，二〇〇五年第三期，頁二十～二十一。

註六：黃衛平、朱文暉，「平衡抑或失衡——朱鎔基治下中國宏觀經濟政策的反思」，香港，《信報財經月刊》，二〇〇三年三月號，頁三十五。

註七：野潭，「中國社會十大階層及其地位」，香港，《鏡報月刊》，二〇〇二年三月號，頁三十一～三十三。

註八：台北《聯合報》引述北京《經濟日報》報導，二〇〇一年九月五日。

註九：何清漣著，《經濟學與人類關懷》，廣州，廣東教育出版社，一九九八年十二月第一版，頁九。

註十：同註九。

註十一：「三個代表」是江澤民在總書記任內提出的思想主張，它是指，中國共產黨「代表中國先進生產力發展的要求」、「代表中國先進文化的前進方向」、「代表中國最廣大人民的根本利益」。在此一思想的指導下，中共於「十六大」召開前不久接納私營企業主和個體戶為黨員。

註十二：李昀晉，「老手新氣象，新舊勢力糾結考驗胡溫政府」，台北，《中國通財經》月刊，二〇〇四年一月號，頁四十九。

註十三：陳桂棣、吳春桃合著，《中國農民調查》，台北，大地出版社，二〇〇五年一月繁體字第一版，頁八。

註十四：「三農」指農民、農村、農業。

第二章

胡錦濤對「新富階級」恩威並施

他讓民間企業家飛上天

胡錦濤對私營企業主、個體戶也不薄，一再為他們的發展之路開綠燈。不過，他卻同時加強了對這些民間經濟強勢者「依法管理」的機制，也注重相關的「財富重分配」問題。這樣的政策思維，實是糅和了毛澤東、鄧小平、江澤民三代的政策方針。

二〇〇五年三月十一日上午九時四十五分，一架印著「奧凱航空—OK Airways」標誌的首航客機從天津起飛，前往南方的長沙。這家「奧凱」，並不是外國航空公司，而是大陸第一家民營航空業者，它的股東有民營公司，也有私人。該公司總部在北京，運營基地在天津濱海國際機場。

介入「公有壟斷」的領域

這家公司的首航，開啟了大陸民營資本（包括私人資本）「飛上天空」的時代，也表示大陸「非公有經濟」的經營空間擴大至以往由公有資本壟斷的領域。

在奧凱航空首航之同時，大陸另有兩家民營航空公司正在籌備中，分別是上海的「春秋航空」和武漢的「鷹聯航空」。各方都在密切關注民營航空業能否振翅高飛。但無論如何，機會，畢竟是給它了；這在早年的計劃經濟時代，是人們想也不敢想的事情。

民營鐵路春雷初動

除此之外，「非公有資本」也正在進入鐵道建設和運營領域。二〇〇五年年中，大陸第一條由民營企業參股的浙江「衢常（衢州—常山）鐵路」正式開工興建。該鐵路全長四十五公里，預計總投資金額人民幣六．七五億元，由以下三方合資組成一家資本額二．七億元的公司，包括鐵道部（佔股本三五％）、常山縣政府（佔三二．五％），和民營企業常山水泥有限公司（佔三二．五％）。雖然常山水泥並未佔有大股，卻是大陸民營企業資本主第一次佔有國內鐵路的股權。

在大陸，民營企業定義上包括民間的「集體企業」、「私營企業」等「非國有」企業，其中集體企業雖非國有，卻仍屬「公有」的範圍。「私營企業」則既非國有，亦非公有，係屬「非公有」的範圍。無論如何，民營企業中，私營企業實佔多數；有些私營企業也打著集體企業的名義，以作「政治保護傘」。因此，一般論起民營企業，多直接聯想到私營企業。民營企業幾乎成了私營企業的代名詞。即便是如假包換的集體企業，近年在「混合經濟」潮流下，也紛紛開放私人入股，私營化的潮流甚為明顯。

資產階級復辟說太誇張

胡錦濤在黨中央當家作主以後，大陸民間企業家似乎越來越活躍，連以往被國家視為禁臠的航空、鐵路，都已開放民間資本介入。不少人因此認為，如果國有企業不好好爭氣一番，再過個幾年，中國難保不會出現「資產階級復辟」的局面，而轉由民間資本家來操縱經濟命脈。

事實上，這種預言是誇張了。本書作者觀察胡錦濤主政以來的作為，認為他是抱著一種「以我為主的實用主義」來發展和運用民營企業（包括私營企業）。

不易超越「中南海控股公司」

換言之，由於中國當前需要民營企業來發展經濟及解決失業的社會問題，所以，胡錦濤在忙著照顧經濟弱勢者的過程中，並未忽視民營經濟的發展，一再延續並發展江澤民的政策，不斷給民營企業新的發展空間。

但從胡溫政府雷厲風行宏觀調控政策，及高度強調「依法治國」理念的情況看來，胡錦濤對於民營企業的發展，絕對不會放任，而是「放大空間」但「嚴格畫出運行軌道與邊線」。民營經濟在可見的未來，還會有進一步的發展，「新富階級」也會繼續壯大，但總體影響力不可能超過北京的「中南海控股公司」（虛擬名詞，指中共中央直接掌理國有資產的機構）。

建國前夕毛澤東對待資本家的態度

胡錦濤對待民營企業的政策理念，源頭排除不了毛澤東於一九四九年三月五日在中共「七屆二中全會」上所發表的報告。本書在上一章中提及，胡錦濤上任後第二個月出京視察西柏坡，在那裡大力頌揚毛澤東這篇「七屆二中全會講話」的精神。胡錦濤把毛澤東這篇講話的最後一段，一字不漏地唸了一次，主要在傳揚毛澤東當時倡導的「兩個務必」，即「務必保持謙虛、謹慎、不驕、不躁的作風；務必保持艱苦奮鬥的作風。」

但是，毛澤東這篇講話的其他段落在講些什麼呢？我查閱了原文，知道這篇文章總共有十個部份，上面講的「兩個務必」即是屬於第十部份。而在它的第六部份，談到了中共對待資本家的態度，其中有幾段話是很重要的，諸如：

中國資本主義不能氾濫

「中國的私人資本主義工業，占了現代性工業中的第二位，它是一個不可忽視的力量。由於中國經濟現在還處在落後狀態，在革命勝利以後一個相當長的時期內，還需要盡可能地利用城鄉私人資本主義的積極性，以利於國民經濟的向前發展。」

「在這個時期內，一切不是於國民經濟有害，而是於國民經濟有利的城鄉資本主義成分，都應當容許其存在和發展。但是中國資本主義的存在和發展，不是如同資本主義國家那樣不受限制任其氾濫的。它將從幾個方面被限制——在活動範圍方面，在稅收政策方面，在市場價格方面，在勞動條件方面。」【註一】

限制的方法已經「與時俱進」

本書作者在大陸採訪的過程中，側面瞭解到，胡錦濤對毛澤東這篇「七屆二中全會講話」非常推崇與服膺，在他擔任中央黨校校長任內，將其列為該校研究毛澤東思想的首要教材，而他個人之熟讀此文，更不在話下。

因此，胡錦濤以執政者的身份，將如何對待大陸經濟體系內的「資本主義成分」

（包括私營企業、個體戶以及其他種類企業中的私人資本），其實從毛澤東的這篇文章可以找到端倪。

不過，由於時代的不同，胡錦濤不可能照搬毛澤東在上世紀四〇年代末的主張，而是吸收其「基本精神」。從胡錦濤執政以來的表現看來，他對待私企的態度，帶有毛澤東當年所主張的「允許其存在和發展，但要有所限制」之成份，唯「限制」的方法，已由「行政命令」轉變為「宏觀調控」、「市場調節」、「法令規章約束」等現代化的手段。

公平競爭與擴大准入

胡錦濤坐上大位時，中國已加入WTO，而江澤民所主張的「三個代表」也列為中共的指導思想之一，因此，民營企業、私營企業、個體戶正在這時取得「公平競爭」地位，和其他種類企業處於立足點平等的基礎上。這時候非但不能限制民有、私有資金進入某些經營領域，反而要對其「擴大准入」。

因此，毛澤東當年所說的「限制」，現在轉型為「有效調控」和「依法管理」。

這幾年來，胡溫政府一方面為民有、私有資本投入領域開綠燈、開新跑道，但另方面，則是採用諸多市場手段或法律手段，規範他們的經營、約束他們剝削職工的行為、查緝他們逃漏稅的事件。

三代領導人思想的綜合體

胡錦濤上任後的第二個月，除了去河北省平山縣西柏坡「朝聖」外，另一個重要行程，是在北京市內訪問「中華全國工商業聯合會」【註二】，表示他在「訪貧問苦」之餘，也不忽略私營企業家對國民經濟的重要影響力。

胡錦濤對待私營企業資本家的政策思維，實包含有毛澤東、鄧小平、江澤民三代領導人相關思想的綜合體。毛澤東在一九四九年中共建政前後，腦袋尚未發熱，對待「私人資本主義」的思想是「限制與發展兼備，但以限制為重」（參見前述毛澤東在「七屆二中全會」的講話）。鄧小平晚年主導改革開放大政方針期間，對私營企業發展則是抱著「勇敢嘗試」的態度。江澤民在總書記任期的尾聲，放開手腳，大力發展私營企業、個體戶之「非公有經濟」，他的「三個代表重要思想」甚至讓私營企業主和個體戶加入了共產黨。

不得不作調整的歷史轉捩點

接替江澤民擔任總書記的胡錦濤，在關於「非公有經濟」的政策上，總結了毛、鄧、江三代的思維，創造出了「恩威並施」的新政策內涵。有人察覺他在這方面的政策內容和江澤民的有所差異，就大喊「胡錦濤翻轉了江澤民的路線」，其實這是誤解；他對待「非公有經濟」的政策中，仍有一部份是延續了江澤民的「大力發展」思想，只不過加了限制、平衡機制而已。

在客觀形勢上，胡錦濤已處在一個「不得不作局部調整」的歷史轉捩點。改革開放都已二十幾年了，鄧小平首創、江澤民發揚光大的「傾斜發展政策」已到調整時刻。鄧小平說：「走社會主義道路，就是要逐步實現共同富裕。共同富裕構想是這樣提出的：一部份地區（或一部份人）有條件先發展起來，一部份地區（或一部份人）發展慢點，先發展起來的地區（人）帶動後發展的地區（人），最終達到共同富裕。如果富的愈來愈富，窮的愈來愈窮，兩極分化就會產生，而社會主義制度就應該而且

避免兩極分化。解決的辦法之一，就是先富起來的地區（人）多交點利稅，支持貧困地區（人）的發展。」【註三】

推動共同富裕要靠民間企業家

中共最怕看到的社會「兩極分化」現象，在新舊世紀之交已露出苗頭，此時各種指明「貧富差距擴大」的報告或論述傾巢而出。胡錦濤一上任就被動地承受了這個問題，所以，他很快地採取了諸多扶助經濟弱勢者的政策，已如上一章所述。

但另方面，胡錦濤又要積極推動鄧小平所說的「共同富裕」。改革開放都已二十多年了，它的總體成效真的很大，但是改革開放的成果也到了「必須與全民分享」的階段，否則，社會上那些自認為「未受益」甚至「受害」的人，內心已無法再忍耐。

沿海民企走向內陸投資

而胡錦濤推動落實「共同富裕」政策的手法，首先當然給了民間資本家們繼續壯大的空間。第二步，則把他們視為全國新創財富的「種子」，要他們照章納稅，即以法律對他們進行「財富重分配」；還有，以各種優惠政策，鼓勵他們向落後的地區和艱困的民生產業（如農業）進行投資，把財富的種子灑向五湖四海。

近幾年來，江蘇、浙江、上海、廣東等發達省份的民營企業積極向內陸省市投資，尤其是「溫州幫」財團的走南闖北，更引人注意。這和胡溫政府在政策上的引導、鼓勵有密切關聯。

胡錦濤就任總書記以後，按照上一屆黨中央訂下的方針，並參酌加入WTO以後內外環境的結構性變化，按部就班推進「非公有經濟」的發展，重要記事如下：

大力發展和積極引導非公有經濟

一、政策宣示：二〇〇三年十月召開的「中共十六屆三中全會」是胡錦濤首次完整宣示經濟政策，會上通過的「中共中央關於完善社會主義市場經濟體制若干問題的決定」，文中除了宣示以「五大統籌」【註四】的政策思維來「更大程度地發揮市場在資源配置中的基礎性作用」之外，另提出非公有經濟發展的導向：

「大力發展和積極引導非公有制經濟。個體、私營等非公有制經濟是促進我國社會生產力發展的重要力量。清理和修訂限制非公有制經濟發展的法律法規和政策，消除體制性障礙。放寬市場准入，允許非公有資本進入法律法規未禁入的基礎設施、公用事業及其它行業和領域。非公有制企業在投融資、稅收、土地使用和對外貿易等方面，與其它企業享受同等待遇。支持非公有制中小企業的發展，鼓勵有條件的企業做強做大。非公有制企業要依法經營，照章納稅，保障職工合法權益。改進對非公有制企業的服務和監管。」

修改憲法保護私有財產

二、修改憲法：二〇〇四年三月，第十屆全國人民代表大會第二次會議通過憲法修正案。其中對非公有經濟具有直接影響的計有下列兩條：

1.憲法第十一條第二款「國家保護個體經濟、私營經濟的合法的權利和利益。國家對個體經濟、私營經濟實行引導、監督和管理」。修改為：**「國家保護個體經濟、私營經濟等非公有制經濟的合法的權利和利益。國家鼓勵、支持和引導非公有制經濟的發展，並對非公有制經濟依法實行監督和管理。」**

2.憲法第十三條「國家保護公民的合法的收入、儲蓄、房屋和其他合法財產的所有權。」「國家依照法律規定保護公民的私有財產的繼承權。」修改為：**「公民的合法的私有財產不受侵犯。」「國家依照法律規定保護公民的私有財產權和繼承權。」「國家為了公共利益的需要，可以依照法律規定對公民的私有財產實行征收或者征用並給予補償。」**

國務院提出「若干意見」

三、政策深化：二〇〇五年元月十二日，國務院總理溫家寶主持召開國務院常務會議，討論並原則通過「國務院關於鼓勵支持和引導非公有經濟發展的若干意見」，把支持非公有經濟發展的政策，深化到財稅支持、金融支持、政府服務支持、法治環境支持等實際層面。會議通過新華社正式發布的新聞稿這樣說：

「會議認為，公有制為主體、多種所有制經濟共同發展是我國社會主義初級階段的基本經濟制度。毫不動搖地鞏固和發展公有制經濟，毫不動搖地鼓勵、支持和引導非公有制經濟發展，使兩者在社會主義現代化進程中相互促進，共同發展，是必須長期堅持的基本方針。在鞏固和發展公有制經濟的同時，鼓勵、支持和引導非公有制經濟發展，有利於繁榮城鄉經濟、增加財政收入，有利於擴大就業、改善人民生活，有利於優化經濟結構、促進經濟發展，對於全面建設小康社會和加快社會主義現代化進程，具有重大的戰略意義。」

創造平等競爭一視同仁的環境

「會議指出，要為非公有制經濟創造平等競爭、一視同仁的法治環境、政策環境和市場環境，實行鼓勵、支持和引導非公有制經濟發展的政策措施。進一步放寬市場准入，鼓勵和支持非公有資本進入基礎設施、壟斷行業、公用事業，以及法律法規未禁止的其他行業和領域；加大財稅金融支持，拓寬企業融資渠道；完善對非公有制經濟的社會服務，建立健全社會化服務體系；加強和改進政府服務和管理，維護非公有制企業的合法權益，保護企業正常經營活動。同時要引導非公有制企業貫徹科學發展觀，依法經營，照章納稅，誠實守信；認真執行國家的產業政策和生產安全、衛生和環保等方面的市場准入標準和有關規定；自覺維護企業職工的合法權益，保障職工切身利益；深化改革，加快體制、機制、技術和管理創新，強化企業管理，建立健全各種規章制度。會議要求，要大力宣傳黨和國家促進非公有制經濟發展的方針政策和法律法規，為非公有制經濟的健康發展營造良好的輿論氛圍。」

逃不出如來佛的掌心

胡錦濤執政以來在這方面的一系列作為，可以提煉出一種基本精神，就是「恩威並施」。恩，指他循著鄧小平、江澤民定下來的路向，並參酌中國加入WTO以後，內外環境的開放大趨勢，不斷為「非公有經濟」的私人資本擴大經營空間，並強化其立足基礎。至於「威」，指胡錦濤一直加大政府對非公有經濟實行監督與管理的力度，為此設定了諸多的遊戲規則，隱然已有「重賞重罰」的意味。

這段時期以來，中國大陸的「新富隊伍」不斷在加長，中國富豪在世界排行榜裡也越來越醒目，不過，從相關政策宣示看來，私營企業家卻也愈來愈「逃不出如來佛的掌心」。有一個數據可以說明這種情況，即胡錦濤執政後，中國的對外資金流動大勢從以往的「資金外逃嚴重」轉為「熱錢流入過多」，雖然，湧入的熱錢大都是為了賭「人民幣升值」，但其中不排除有「私營企業主移回資金（或停止外移資金）」的成份在內，因為，私營企業主會擔心因逃匯而招惹胡錦濤的「嚴刑峻法」。

一切為了「全面建設小康社會」

其實，胡錦濤對待民間企業家的政策方針，和江澤民時代並沒有原則性的矛盾，他只是把江澤民的「鼓勵發展為主」調整為「鼓勵發展與依法監管並重」，也可說是進一步發展了江澤民的政策方針；兩者的大方向是相同的。

如在二〇〇二年十一月八日，中共「十六大」開幕日，江澤民最後一次以中共中央總書記身份上台作政治報告，其大標題為「全面建設小康社會，開創中國特色社會主義事業新局面」，其中「全面建設小康社會」的提法，即隱含了「政策創新」的期待，而這種期待，當然要由在「十六大」中成為新任總書記的胡錦濤來承接。

回溯江澤民在「十六大」的報告

江澤民在「十六大」的這篇報告中，作了多項理論創新和政策突破，為他十三年半的總書記任期，劃下一個搶眼的句點，其中有關民間企業家的部份，主要是：

一、根據「三個代表重要思想」，把個體戶、私營企業主等「六種人」納入中共黨員隊伍。

「隨著改革開放的深入和經濟文化的發展，我國工人階級隊伍不斷壯大，素質不斷提高。包括知識分子在內的工人階級，廣大農民，始終是推動我國先進生產力發展和社會全面進步的根本力量。在社會變革中出現的民營科技企業的創業人員和技術人員、受聘於外資企業的管理技術人員、個體戶、私營企業主、中介組織的從業人員、自由職業人員等社會階層，都是中國特色社會主義事業的建設者。對為祖國富強貢獻力量的社會各階層人們都要團結，對他們的創業精神都要鼓勵，對他們的合法權益都要保護，對他們中的優秀分子都要表彰，努力形成全體人民各盡其能、各得其所而又和諧相處的局面。」

不認為無產階級才能革命

二、打破「無產階級才能革命」的迷思。

「要尊重和保護一切有益於人民和社會的勞動。不論是體力勞動還是腦力勞動，不論是簡單勞動還是複雜勞動，一切為我國社會主義現代化建設作出貢獻的勞動，都是光榮的，都應該得到承認和尊重。海內外各類投資者在我國建設中的創業活動都應該受到鼓勵。一切合法的勞動收入和合法的非勞動收入，都應該得到保護。不能簡單地把有沒有財產、有多少財產當作判斷人們政治上先進和落後的標準，而主要應該看他們的思想政治狀況和現實表現，看他們的財產是怎麼得來的以及對財產怎麼支配和使用，看他們以自己的勞動對中國特色社會主義事業所作的貢獻。」

保護先富起來人們的發展活力

三、鼓勵「先富階級」繼續創造財富。

「在建設中國特色社會主義的進程中，全國人民的根本利益是一致的，各種具體的利益關係和內部矛盾可以在這個基礎上進行調節。制定和貫徹黨的方針政策，基本著眼點是要代表最廣大人民的根本利益，正確反映和兼顧不同方面群眾的利益，使全體人民朝著共同富裕的方向穩步前進。我們要保護發達地區、優勢產業，和通過辛勤勞動與合法經營先富起來人們的發展活力，鼓勵他們積極創造社會財富，更要高度重視和關心欠發達地區，以及比較困難的行業和群眾，特別要使困難群眾的基本生活得到保障，並積極幫助他們解決就業問題和改善生活條件，使他們切實感受到社會主義社會的溫暖。」

江澤民的主張，在胡錦濤接任之後，基本上得到充分的尊重。但值得注意的是，胡錦濤在繼續發展「非公有經濟」的同時，卻也援引了毛澤東的「七屆二中全會講話」精神，加強了對民營企業的「依法管理」；他也強調了鄧小平提出的「共同富裕」目標，提前實施「富人幫助窮人」的政策。

業界人士欣悅與擔憂兼有

對於胡錦濤當政以來的實際作法，大陸民營企業界人士有欣悅的一面，但也有憂心的一面。欣悅的是，允許他們介入經營的領域越來越大，累積財富的著力點越來越多。憂心的是，政府新的管理機制，若無法真正對民營企業一視同仁，則經營領域再怎麼開放，他們也很難施展拳腳。

如二〇〇四年的宏觀調控措施，造成江蘇、浙江一帶的民營企業家公然叫苦，指銀行為配合宏觀調控政策，大肆對他們緊縮信貸，致經營上遭受相當大的困難。

最怕一陣風式的查緝逃漏稅

另外，根據本書作者個人的採訪經驗，發現大陸民營企業家們也普遍覺得，稅務機關對他們總是「另眼相看」，抓得特別嚴格，這使他們很難和國有企業作公平競爭。民營企業家尤其怕「一陣風式」的查緝逃漏稅行動，如某地出了一個民營企業違法亂紀大案，各地就有可能大打一陣民營企業逃漏稅案件，搞得業界人心惶惶。

他們認為，胡錦濤時代如果真能做到對民營企業「照章貸款」、「照章課稅」、「照章查稅」，一切公平、公正、公開，那才是貨真價實的「依法管理」。這是胡錦濤執政的一項長期考驗，非短短兩三年可以克盡全功。因為，大陸「以權力決定資源支配」的格局太根深蒂固，國有企業總是佔上風。而相對的，民營企業若要發財，往往必須和官方或官員個人作這樣那樣的「合作」、甚至「勾結」。胡錦濤若能打破這樣的政經生態，他就是一個開創歷史的人物，否則仍在「江規胡隨」的框框內。

股票市場不正常也是障礙

講到大陸「非公有經濟」的發展，還有一項重大障礙，就是股票市場未能正常發展，導致民間財富不易進入生產領域。

現在的大陸股市，掛牌上市公司大多數是抱著集資目的而包裝上市的國有企業，並非專為經營績效良好公司提供股權交易的場所。以吸金目的而開設的股市，一開始就違逆了這個市場的普世本質。換言之，好公司不一定能上市，上市的卻大都只是為了吸金，且經營財務報表經過包裝，誠信度不足。這樣的市場，難大也難久。

還有一個問題，是上市的國有企業，股權均分成「國有股」、「法人股」、「個人股」三大類（通稱為「股權分置」），上市交易的只是個人股，至於佔了大多數的國有股和法人股，取得成本遠低於個人股，卻和股民高價購入的個人股同享利益。另方面，國有股和法人股雖被管制不准入市流通，大陸股民還是擔心國有股和法人股會突然傾巢而出，大量入市拋售，造成股市滅頂之災，因此，多年來的大陸股市，大部份時段都是行情疲軟，好景不常見，與總體經濟快速成長的情勢嚴重脫節。近年的情況更糟。

民營企業在股市無足輕重

二〇〇二年十一月「十六大」，胡錦濤出任總書記時，上海市場股價指數尚有一千九百多點。到二〇〇五年三月「兩會」召開時，跌到一千二百點以下，股民遍地哀嚎。二〇〇五年六月六日甚至一度跌破千點大關。

股市之不振，使民間財富無法通過市場的「直接融資」作用，進入生產領域，以創造更大的財富。台灣有很多民間富豪是靠著股票交易發達起來的；而類似的機會，目前在大陸相對稀少。

除此之外，現時在大陸股市掛牌上市的民營企業仍是少數，民間企業家不易通過股票市場來擴大經營成果，或回收經營利益，形同縛住他們的一隻手和一隻腳。這和經濟先進國家的企業和股市結成「命運共同體」的情況大不相同，也是大陸經濟體制的重大缺失。

溫家寶對股民的喊話

二〇〇五年三月十四日「兩會」結束當天，國務院總理溫家寶召開記者會，壓軸的提問是大陸國務院直轄的經濟日報的記者提出：「去年國務院發布推進資本市場改革開放和穩定發展的若干意見，也就是『國九條』以來，有關部門採取了很多措施，但股市反應比較冷淡，股價下跌得比較厲害。您認為廣大股民對今年的股市應該有什麼樣的期待？」

溫家寶的回答是：

「你這個問題可能是互聯網點擊率最高的問題，也是社會上比較關心的一個問題。中國的股市是同社會主義市場經濟一起發展的。證券市場為中國的經濟建設做出了重要貢獻，但是應當承認，由於我們的知識和經驗不足，制度等基礎建設薄弱，市場不完善，因而造成了近些年來股市持續下跌。我雖然很少就股市發表意見，但我卻每天關心股市的行情。我可以向大家講的是，中國將堅持發展資本市場，擴大直接融資。對於證券市場，我們將繼續落實『國九條』，從以下幾個方面加強工作：第一，提高上市公司的質量，這是根本。第二，要建立一個公開、公平、公正的證券市場秩序。第三，要加強監管，打擊違法違規行為。第四，要加強以制度建設為主的證券市場基礎建設。第五，要保護投資者，特別是公眾投資者的利益。第六，妥善解決股市發展中積累的歷史遺留問題。」

注意當局對股市的動作

這個題目，似乎是經刻意安排在記者會的最後提出，意在安撫廣大股民的心，也顯示胡溫政府高度重視股市問題。

這場記者會結束個把月後，胡溫政府果真開始實行「股權分置改革」措施，其效應至二〇〇五年年末尚未能作定論。

如果大陸股市在可見的未來能走上正常化道路，那民營企業家或民間資本家們才真的能夠有條件神氣活現，大家且拭目以待。

〔註釋〕

註一：毛澤東，「在中國共產黨第七屆中央委員會第二次全體會議（七屆二中全會）上的報告」，本書附錄中有此文之摘錄。

註二：簡稱全國工商聯，是私營企業和老一輩紅色資本家的結合體，是代表大陸「非公有經濟」的重要社會團體。

註三：鄧小平，「在武漢、深圳、珠海、上海等地的談話要點」，《鄧小平文選》，第三卷，北京，人民出版社，一九九三年十月第一版，頁三七三～三七四。文內的「人」，是本書作者參考鄧小平以往談話而加。

註四：五大統籌，指統籌城鄉發展、統籌區域發展、統籌經濟社會發展、統籌人與自然和諧發展、統籌國內發展和對外開放的要求。此為胡錦濤重要的執政思維架構。

從地區經濟布局到宏觀調控都是「有保有壓」

他以「兩手抓」策略掌管全中國

胡錦濤掌管全中國，用的是「兩手抓」的策略，對任何相對立的事物，都分別給予妥適定位，區別處理，把兩個對立面都抓起來。宏觀調控中，一手「保」農，另手「壓」不當投資，兩邊都抓了起來。而為了兩手都能抓穩，他用了三根支柱來撐持，就是「威權主義」、「廉政訴求」和「法律形式」。

有人說，胡錦濤是一個不簡單的人物。更多人對他的言行如此形容：「深藏不露」、「喜怒不形於色」、「不知他心裡在想些什麼」等等。

他穿上香港證交所的紅背心

個人的看法卻是，胡錦濤乃為一個「多重面像的人物」，他善於：「區別對待」不同的場合，分別作出不同的言行，而這些言行儘管形式不一，卻總不會讓人懷疑他的共產黨本色。換句話說，他善於把共產黨的本質，演化成各種不同的表象，用來面對各色各樣的場合。

在長久蒐集的胡錦濤資料中，有一張相片是很能讓人印象深刻的。那是中共「十六大」召前開，胡錦濤還沒當上總書記的時候，他有次去香港訪問，進了香港證券交易所參觀；那時，他非常「入境隨俗」地穿上了交易人員的「紅馬甲」（紅色背心）。照片中的胡錦濤，西裝外面套著紅背心，露著胸前編號「八三八三」，笑盈盈地和當時的香港特首董建華握手。

他也握住愛滋病患的手

他的這個動作，擺明了「大力支持香港資本主義的發展」。其道理，和當年鄧小平訪美時，率然戴上德州牛仔帽，以示有意和美國發展關係，是一樣的。如果胡錦濤去上海證券交易所，我想他要不要穿上「紅馬甲」（或「黃馬甲」），是會有內心掙扎的，那畢竟是國內，和香港不同。

在香港證交所高興穿上紅馬甲的胡錦濤，在國內也曾到愛滋病患的病房，毫不猶豫地握緊病患的手，因而創下「第一位和愛滋病患握手的國家領導人」的記錄。【註一】

願意和資本主義做朋友的社會主義者

胡錦濤是一個社會主義者，但他又積極表現出「願意和資本主義做朋友」的態度。就任總書記以來，他一直努力把社會主義和資本主義這兩種先天上對立的事物，「正反合」地「矛盾統一」在他的執政思維中，使它們各得其所，並行不悖。

其實，「胡錦濤政治經濟學」的精髓，就是把各種經濟上對立的事物，分別給予妥適定位，區別處理，讓它們協調並存，而不致發生相互排斥的內耗現象。

胡錦濤在這方面最具有代表性的論述是「科學發展觀」。二〇〇三年四月十五日，也就是SARS疫情蔓延之初，胡錦濤在廣東考察時說，「要堅持全面的發展觀」。同年七月二十八日，他在全國防治「非典」（SARS）工作會議上指出，「要更好地堅持協調發展、全面發展、可持續發展的發展觀。」

和「五大統籌」是同一回事

二〇〇三年十月，中共十六屆三中全會為「科學發展觀」作出了明確的定義，其全文是：「科學發展觀是堅持以人為本，全面、協調、可持續的發展觀。**以人為本**，就是要把人民的利益作為一切工作的出發點和落腳點，不斷滿足人們的多方面需求和促進人的全面發展；**全面**，就是要在不斷完善社會主義市場經濟體制，保持經濟持續快速協調健康發展的同時，加快政治文明、精神文明的建設，形成物質文明、政治文明、精神文明相互促進、共同發展的格局；**協調**，就是要統籌城鄉協調發展、區域協調發展、經濟社會協調發展、國內發展和對外開放；**可持續**，就是要統籌人與自然和諧發展，處理好經濟建設、人口增長與資源利用、生態環境保護的關係，推動整個社會走上生產發展、生活富裕、生態良好的文明發展道路。」【註二】

科學發展觀和本書前面章節裡所講的「五大統籌」其實是同一回事，都是胡錦濤新創的執政思維。

「兩手抓」的政治經濟學

本書作者曾努力嘗試用通俗化的口語來解讀「科學發展觀」，經過一段時間的推敲，其間也請教過大陸上的理論專家，最後得到一個自認可以被各方接受的成果；一言以蔽之：「科學發展觀就是『兩手抓』的政治經濟學」。

兩手抓，就是要把政治、經濟、社會領域裡本質對立或互相排斥的事物，分別用不同的手法，通通抓起來，使它們協調發展、不互相排擠。如一手抓經濟建設，另一手抓政治文明和精神文明，使物質文明和政治文明及精神文明相互促進、共同發展，不會為了發展經濟而損害人的生存基礎，也不會因為經濟發展了，而社會道德卻淪喪了。除此之外，「兩手抓」還可以同時抓城鄉發展，即一手抓城鎮發展，另一手抓鄉村發展，並使城鄉協調發展，不互相擠佔資源。其他還有「兩手抓」發達地區和貧困地區發展、「兩手抓」經濟發展和社會發展、「兩手抓」國內發展和對外開放等。總之，用了「兩手抓」的概念以後，原本艱深難懂的「科學發展觀」官方定義變得通俗可讀了。

兩岸關係也被「兩手抓」了

甚至可用「兩手抓」的概念來看胡錦濤的兩岸關係政策運作。緣起於二〇〇五年四、五月間，台灣的國民黨主席連戰和親民黨主席宋楚瑜接連訪問大陸，分別與胡錦濤會談，掀起了兩岸關係的高潮。我對此進行研究後發現：

連宋的訪陸，使胡錦濤的主要執政理念「科學發展觀」在台海關係領域發酵，驗證了胡錦濤執政路線在黨內的優越性和正確性。這才是胡錦濤未來聲望進一步看漲的最大推動力量。可能連宋兩人自己都不知道，他們已經成了胡錦濤在兩岸關係領域落實「科學發展觀」的助手。

什麼是「科學發展觀」？這是胡錦濤近來月月講、天天講的名詞。中共中央對它的正式定義長達二百多字，但只要看第一段就可以了然於胸：「科學發展觀是堅持以人為本，全面、協調、可持續的發展觀」。這種思維放到兩岸關係，就成了中共對台工作部門近來積極實行的「加強照顧台灣人民的切身利益」、「排除政治干擾，千方百計促進兩岸關係往前發展」等做法。

不只是「胡蘿蔔與棒子」而已

更深一層看，「科學發展觀」所說的「全面」、「協調」，頗有「兩手抓」味道。

在兩岸關係方面，胡錦濤近一年來則是兩手分別抓「遏制台獨」和「促進交流」，使這兩者並行不悖、協調發展，既打了台獨，又促成兩岸關係發展，這是以前江澤民在位時沒有做到的事情。

「遏制台獨」的這一手，在二〇〇五年三月中通過了「反分裂國家法」。而「促進交流」的另一手，則邀得台灣兩個主要在野黨領導人連宋於四、五月接踵訪問大陸。這不只是簡單的「胡蘿蔔與棒子」行事法則，而是「科學發展觀」的實質作用。

看看連宋訪問大陸之後，台灣民間的大陸熱再掀高潮，主張兩岸經濟統合者的聲浪也一波高過一波，就可以明白兩岸關係果真套入了「科學發展觀」的架構內，「全面、協調、可持續發展」了。【註三】

兩手抓「效率」與「公平」

話題回到胡錦濤的對內經濟政策。如前所說，胡錦濤的「科學發展觀」，其實就是要用「兩手抓」的手法，抓起世上一切相對立的事物，使它們並行不悖、協調運行。

普世經濟體系運作原本有一個「經濟效率與經濟公平互相排斥」的法則，可是，胡錦濤也試圖把這兩者協調在一起。換言之，原本經濟政策運作若傾向追求「效率」，就會傷到「公平」；反之，若傾向追求「公平」，就會傷到「效率」。如今胡錦濤卻試圖以科學發展觀的「兩手抓」去同時抓「效率」與「公平」。何以胡錦濤上任後，一方面勤於訪貧問苦，另方面又積極為私人資本家的經營之路大開綠燈，這充分顯示他想同時追求「經濟公平」與「經濟效率」。追本溯源起來，這真稱得上是一場「經濟學革命」，唯成敗尚未見真章。

胡錦濤自二〇〇二年十一月出任總書記以來，採取過多次「兩手抓」的政策性大動作，其中最有代表性的有兩次，一是調整區域經濟布局，二是推出一連串「宏觀調控」重大舉措。

重新調整區域經濟布局

調整區域經濟布局方面的「兩手抓」，主要表現在一手抓上海，另一手抓珠江三角洲和東北。抓上海的目的，是使上海改變過去「集三千寵愛於一身」的地位，將它納入全國發展的大局中，和其他地區協調並進。至於抓珠江三角洲和東北，則是為了使這兩個發展勢頭已走弱的地區，得到新政策的支撐，雙雙獲致「鹹魚翻生」的機會。

這套基於「科學發展觀」的區域經濟發展政策，已經悄悄替代了鄧小平生前倡導的「先讓一部份地區富起來」的差別發展策略，也讓江澤民在位時期「以上海為龍頭」的布局，走進歷史。

對上海「惜足如金」

胡錦濤自二〇〇二年十一月接任總書記以來，到香港、廣東走動之勤快，及對當地勉勵之剴切，頗具有顯著的政治意義。相對之下，他對上海卻「惜足如金」，一直到二〇〇四年七月才作了上任後的第一次踏足。其刻意「拉拔廣東，平抑上海」的作法至為明顯。

胡錦濤上任後的第一次廣東行，是於二〇〇三年四月，SARS疫情爆開之際。當時他赴廣東的主要目的是緊急趕往督導抗疫。但在抗疫之餘，還深入視察當地經濟設施，訪問台資企業，也檢視了粵港關係。他所作的關於廣東經濟發展的指示，被廣東省當局奉為座右銘，經常出現在該省的正式文件中。

香港內地CEPA是大手筆

胡錦濤對粵港區域發展施政作為的最大手筆，是二〇〇三年六月批准香港與內地建立CPEA（更緊密經貿關係安排）機制，並自二〇〇四年元月一日起實行。這項重大經濟政策，不但救了疲軟的香港經濟，也扭轉了廣東愈來愈不如上海的劣勢。

二○○四年六月初，香港又發生了一件區域經濟大事，就是首屆「泛珠三角區域合作與發展論壇」，依序在香港、澳門、廣州三城逐階段舉行完成後，由港澳和中國大陸九個省、自治區領導人簽訂了「泛珠三角區域合作框架協議」，奠定了雄踞中國南方的「九加二」合作框架。

表面看，泛珠三角的合作沒有什麼了不起，口號都喊了多少年了，但深究下去，卻發現這一次波及的省分之多、之廣，頗令人咋舌。除港澳外，結盟的省分計為：廣東省、廣西自治區、福建省、江西省、湖南省、海南省、四川省、貴州省、雲南省。

也兩手抓香港的「一國」和「兩制」

再看這九個省分加上港澳的經濟實力：面積兩百萬平方公里，占全中國的二一％，人口四億五千萬人，占全中國三五％，國內生產總值（GDP）三兆四千億元人民幣，占全中國三分之一，遠超過台灣（二○○四年台灣GDP約三千億美元，折合人民幣二兆四千億元左右）。尤其，這個大區塊內擁有繁華的香江、生產力極高的珠江三角洲，以及天府之國四川，更引起高度矚目。

胡錦濤對珠三角的拉拔，也隱然表現在一項人事異動中，即二〇〇五年三月，全國人大、全國政協「兩會」期間，香港特首董建華突然宣布辭職，震驚中外。這件事的背後原因眾說紛云，但有一種說法是得到比較多人認同的，就是「胡錦濤對董建華管治香港的績效不滿意，對董建華在二〇〇二年連任第二任特首也不認同。」胡錦濤要用自己的理念，找更合適的人來治理香港，以便「兩手抓」香港的「一國」和「兩制」，不讓香港再出現房價暴跌，和五十萬人上街頭的慘痛往事，而影響整個珠三角的發展。

各地協調發展沒有誰是老大

在胡錦濤親抓下，香港、廣東這一塊逐步走出二〇〇〇年前後開始出現的「盛極而衰」的趨勢，恢復了一定的生機。而當年喧騰一時的「上海即將超越香港」論調，近年聲浪也變小了。依胡錦濤的理念，各地區應該協調發展，沒有誰凌駕誰的問題。

受惠於胡錦濤的區域發展理念，東北三省也得到加持了。二〇〇三年下半年，當胡錦濤正忙著運作香港CEPA的時候，他的政治夥伴，國務院總理溫家寶幾乎同時啟動

「振興東北等老工業基地」的方案。一個在南，一個在北，分進合擊。

二〇〇四年三月「兩會」，溫家寶首次在「政府工作報告」中提出「振興東北等老工業基地」之戰略。他說：

「認真實施東北地區等老工業基地振興戰略，今年要有一個良好的開端。落實中央的各項政策措施，突出體制機制創新，擴大對內對外開放。加快經濟結構調整和技術進步，著力抓好重點行業、重點企業的調整改造，做好資源型城市經濟轉型和採煤沈陷區治理工作。」

優勢互補、相互促進、共同發展

溫家寶同時強調：

「促進區域協調發展，是我國現代化建設中一個重大戰略問題。要堅持推進西部大開發，振興東北地區等老工業基地，促進中部地區崛起，鼓勵東部地區加快發展，形成東中西互動、優勢互補、相互促進、共同發展的新格局。」

振興東北的老工業基地，其實是從加強農業開始的。這相當符合胡錦濤「工農兩手抓」的策略思維。二〇〇四年，中共在東北的黑龍江、吉林兩省率先實施了全面免征農業稅的政策。因為東北是中國的「糧倉」，農業先振興，工業振興才有強固的社會經濟基礎。這也顯示了胡溫政府具有「從深層結構救經濟」的務實想法。

東北要走出實現振興的新路子

在東北實施的其他「振興」措施尚包括：新型增值稅試點、完善城鎮社會保障體系、企業分離「辦社會」職能之改革、以國債建設當地基礎原材料工業和裝備製造工業基地、加強當地基礎設施等。

在二〇〇五年三月的「兩會」上，溫家寶的「政府工作報告」再度提到「振興東北等老工業基地」時，講得比較具體了。他說：

「大力發展現代農業，加強國家商品糧基地建設。加快產業結構調整升級和重點企業改革改組改造。研究建立衰退產業援助機制，促進資源型城市轉型。認真做好增值稅轉型試點和完善城鎮社會保障體系擴大試點工作，東北等老工業基地要在加快改革、擴大開放中，主要依靠體制機制創新，走出一條實現振興的新路子。」

胡錦濤終於走進上海市

至於在前幾年紅得發紫的上海市，胡錦濤遲至二〇〇四年七月二十六日始踏上黃浦江畔的這塊土地。這是一次深具政治經濟意涵的視察之行，頗引起海內外的矚目。

胡錦濤於七月二十九日結束行程離開上海後，代表中共中央的頭號傳媒新華社不但發了新聞稿，還推出一篇長達三千字的特稿，逐日詳細記載胡錦濤的視察節目內容及其言行，通篇洋溢著胡錦濤「親民愛民，關心上海」的作風。此文讀起來有如「領袖起居注」。很顯然地，中共中央宣傳部門有意藉這組報導，提升胡錦濤在上海市的影響力，並消除長期以來胡錦濤和上海市的相互疏離感。

令人驚訝的是，胡錦濤上調北京中央工作逾二十年來，迄二〇〇四年七月，到上海僅有四次，分別是一九九四年、一九九七年、二〇〇〇年，以及二〇〇四年七月這一次。

無論如何，胡錦濤這次到上海的目的，很明顯地帶有「糾正上海偏失」的成分，如他已向上海市領導班子宣示了中共中央實施宏觀調控的決心，並要求對經濟要「有保有壓」——抑制不健康的部分、加強薄弱的環節。其言談間的「訓話」味道頗濃。

而在上海的定位方面，胡錦濤更要求「把上海未來的發展放在全國發展的大局中來思考」，言下之意，是上海必須和全國攜手並進，不可強當老大。

宏觀調控是另一個「兩手抓」

胡錦濤當上總書記以來，另一個「兩手抓」的大動作是「宏觀調控」。宏觀調控這個名詞，其實是國家調節控管總體經濟的一種機制，它是常態存在的，政府隨時可以動用。【註四】在江澤民時代，政府工作報告也是年年提出要「加強和改善宏觀調控」。

只是，胡錦濤紮實地動用了這個工具。他和溫家寶聯手，用宏觀調控手段去扭轉整體經濟發展走偏的態勢。在行動過程中，他們使用了一種很簡單的運作法則，叫「有保有壓」，也就是保障需要提振的部門，壓制過熱或畸形發展的部門。

一手「保」農業，另一手「壓」大興土木

農業是他們「保」的首要對象，而房地產和一些由地方官商借錢、佔用農地以

「大興土木」的形象工程、政績工程、投機工程，則成了「壓」的首要對象。一隻手「保」，另一隻手「壓」，構成了典型的「兩手抓」政策。

胡溫的宏觀調控措施，在二〇〇三年已露出苗頭。那一年，針對「固定資產投資」成長率大幅抬升的形勢，先行採取一些「輕踩煞車」的做法，如清理各地開發區，以及調高銀行存款準備金比率等。由於力度不大，各方並未有所警覺。

二〇〇四年年初，大動作即接連出台。首先是發出「中央一號文件」，大力「保」農業，到了四月份，則是卯勁「壓」過熱的房地產及部份原材料工業；一紙公文下來，房地產、水泥、鋼鐵、電解鋁等行業通通列為信用管制對象，以全面限制其投資擴張。至年中，「壓」的對象延伸至有色金屬、機械、建材、石化、輕工、紡織、醫藥、印刷等行業。調控手段除了信用管制（緊縮貸款）之外，還有土地管制、價格管制。

與地方諸侯的「經濟內戰」

「保」農業的事情比較容易讓人理解，但「壓」過熱產業的行動就複雜得多，因為它壓到地方諸侯的利益，也壓到近幾年各地方政府以財政投資搞「短平快」項目以拔高GDP的習性，因此，胡溫是把這場宏觀調控當成一場「經濟內戰」來打的。

為了展現必勝的決心，胡溫政府在二〇〇四年四月底嚴厲查處了江蘇常州「鐵本鋼鐵」項目。事情發生的那一天，我在上海，適巧約晤一位常州的企業界朋友，一見面他就驚呼：「常州出大事了！」聽他一說，才知中共中央很少如此地對一個地方建設項目動這麼大的干弋。

鐵本鋼鐵事件的全貌

那幾天我在上海特別注意報紙對這件事的報導，讀到這樣的內容，果然瞭解宏觀調控是動真刀真槍的：

「國務院總理溫家寶四月二十八日主持召開國務院常務會議，聽取了監察部、發展改革委等部門對江蘇鐵本鋼鐵有限公司違規建設鋼鐵項目查處情況的匯報，責成江蘇省和有關部門對有關責任人作出嚴肅處理。

現已查明，這是一起典型的地方政府及有關部門嚴重失職違規，企業涉嫌違法犯罪的重大案件。

江蘇鐵本鋼鐵有限公司自二〇〇二年初籌劃在常州市新北區魏村鎮、鎮江揚中市西來橋鎮建設新的大型鋼鐵聯合項目。該項目設計能力八四〇萬噸，概算總投資一〇五・九億元人民幣，二〇〇三年六月進入現場施工，二〇〇四年三月江蘇省政府責令全面停工。」

拆分項目化整為零

「經查，二〇〇二年五月以來，為實施該項目，鐵本公司法人代表戴國芳先後成立七家合資（獨資）公司，把項目化整為零，拆分為二十二個項目向有關部門報批。二〇〇二年九月至二〇〇三年十一月，常州國家高新技術產業開發區管委會、江蘇省發展計劃委員會、揚中市發展計劃與經濟貿易局先後越權、違規、拆項審批了鐵本合資公司的建設項目。鐵本公司未取得環保部門批復環境影響評價報告書即開工建設，嚴重違反了國家環境保護法、環境影響評價法的有關規定。

二〇〇三年以來，常州高新區管委會、揚中市政府在未依法辦理用地審批手續的情況下非法批准鐵本公司征用、占用土地，並違規組織實施征地拆遷，導致鐵本公司違法占用土地六五四一畝（其中耕地四五八五畝，含基本農田一二〇〇畝）已無法復墾，造成大量耕地被毀。二〇〇三年十二月，江蘇省國土廳違規批准了常州市涉及鐵本公司的十四個批次的土地五九八八畝，致使鐵本公司項目部分非法占地合法化。

虛假報表騙取銀行貸款

「截至二〇〇四年二月末，中國銀行常州分行等銀行金融機構對鐵本公司及其關聯企業合計授信餘額折合人民幣四三・三九億元，其中貸款二五・六億元。經檢查，鐵本公司通過提供虛假財務報表騙取銀行信用和貸款，挪用銀行流動資金貸款二十多億元用於固定資產投資。有關金融機構存在貸前審查不嚴，貸後監控不力，嚴重違反國家固定資產貸款審貸和現金管理規定等問題。

另據檢查，鐵本公司存在大量的偷稅漏稅行為，已涉嫌經濟犯罪。日前，公安機關已對該公司法人代表戴國芳等十名犯罪嫌疑人採取了刑拘強制措施。」【註五】

研究宏觀調控的典型案例

「鐵本鋼鐵事件」是研究胡溫「宏觀調控」政策內涵的典型案例。由此案的案情，人們可以發現，原來宏觀調控政策要「壓」的，就是：

第一，不規範的固定資產投資項目。

第二，濫用土地（特別是佔用耕地）的投資項目。

第三，濫用銀行貸款的投資項目。

再進一步看，宏觀調控政策，確實是要同時解決「工業」、「農業」分別出現的重大問題。工業的問題是「局部膨脹過熱」，農業的問題則是「土地被佔，糧食減產」。換句話說，**人們必需綜合地看工業、農業兩大部門，才看得到宏觀調控政策的真相。**

關於宏觀調控政策中，「保農業」的一面，本書第一篇第一章已經講得很清楚。本章著墨比較多的是「壓過熱工業」的一面。

馬凱指出「糧食」與「投資」兩大問題

而對宏觀調控政策「兩手抓」的本質，論述得較週延的，是大陸國務院國家發展改革委員會主任馬凱在二〇〇四年十一月五日說的這一段：

「從實踐上看，經濟運行中逐步凸顯的一些矛盾和問題表明，已到了非加強宏觀調控不可的時候。去年以來，我國經濟增長速度加快，應該說有其客觀必然性。主要是隨著我國城鄉居民消費結構升級，工業化、城鎮化進程加快，社會投資增多並趨於活躍，加上在經濟全球化背景下國外一些產業加速向我國轉移，經濟發展進入了一個新的上升期。但是在經濟快速增長中，難免泥沙俱下，出現了一些不穩定和不健康因素，最突出的兩個問題：一是糧食問題。糧食供求關係趨緊的問題逐步凸顯。糧食播種面積連年減少，糧食產量連續下降，人均糧食佔有量大幅度減少。二是投資問題。固定資產投資增長過猛，新開工項目過多，在建規模過大，一些行業和地區投資過度擴張。二〇〇三年，全社會固定資產投資完成五・五萬億元，增長二六・七%，今年一季度又增長四三%，尤其是部分行業投資增勢強勁，結構矛盾突出。去年鋼鐵、水泥投資分別增長九二・六%和一二一・九%，今年一季度又分別增長了一〇七・二%和一〇一・四%。更為嚴重的是，在總量擴張的同時，結構並沒有改善。不但已經關閉的小鋼廠恢復生產，而且又新上了一批資源消耗大、技術水平低、污染嚴重的項目。水泥、電解鋁等行業的情況，與鋼鐵行業的情況類似。」

投資擴張與信貸膨脹

「歷史經驗多次證明，糧食大幅減產和投資需求膨脹『雙碰頭』，經濟運行就會起『波瀾』。一九八八至一九八九年、一九九三至一九九四年的情況就是這樣。這次也不例外。特別是，投資膨脹是我國經濟發展的痼疾。由於投資增長過猛，使得經濟運行中的一些矛盾和問題進一步凸顯。一是投資膨脹助長了信貸規模過度擴張，信貸擴張反過來又推動投資更快增長，二者互為因果，互相推動。廣義貨幣供應量（M2）在去年上半年增長率已過二〇・八%，同比加快六・一個百分點，新增貸款一・七八萬億元，已接近上年全年新增貸款總額。今年一季度M2同比又增長一九・二%。二是投資膨脹加劇煤電油運的緊張，使經濟運行繃得更緊。投資規模過大，特別是高耗能產業增長過快，使電力供求矛盾突出。儘管去年電力生產增長一五・五%，是從未有的高水平，但仍滿足不了需求過快增長的需要，拉閘限電的省份不斷增多。煤炭特別是電煤供應日趨緊張，今年一季度直供電廠存煤可用天數遠遠低於正常水平。鐵路運輸壓力加大，去年四季度以來請車滿足率大幅下降。船舶和沿海港口出現了多年未見的運力緊張及壓船壓港情況。三是投資膨脹、煤電油運供應緊張，必然拉動基礎產品價格上漲，加大物價總水平上漲的壓力。流通環節生產資料價格總水平漲幅二〇〇二年十一月由負轉正後，一路攀升，去年十二月同比漲幅已達一三%，今年一季度同比又上漲一四・八%，基礎價格上漲，如不採取措施，早晚會傳導到最終產品。」【註六】

「平穩」與「較快」的矛盾統一

胡溫政府執政的過程中，「兩手抓」的刻痕隨處可見。隨意再舉一個例子，就是他們對於經濟發展速度，既不主張加速，也不提倡放緩，而是創出了一個很奇特的名詞，叫「平穩較快發展」；這話怎麼解讀？到底是要「平穩」還是要「較快」？如果用「正反合」的辯證哲學去解讀，可以說「平穩較快發展」是「平穩」與「較快」的「矛盾統一體」。

但是在實際執政行為中，領導人不能老用哲學來說服人民，他必需拿捏一個尺度，明確定出「平穩較快發展」下的經濟成長率究竟是百分之七、百分之八或百分之九？這種定調，無疑充滿了人為的主觀色彩。

撐持經濟政策的三大支柱

擴大而言之，所有「兩手抓」的事項，都需要用很多人為的主觀判斷標準，以決定何者要「保」，何者要「壓」。

但胡溫從不承認他們是用主觀意志來主導經濟運作。我從旁觀察研究了一段時期，發現胡溫是藉一套「主客觀合一」的概念架構來推動政務。而這套概念架構，係由下列三大支柱來撐持：

一、威權主義。

二、廉政訴求。

三、法律形式。

經濟威權主義顯山露水

威權主義是由政府扮演資源分配者和市場規則訂定者的「大裁判」角色。在同時追求扶貧、助富兩方面目標的情況下，不能任令市場力量來左右經濟，而必須採用行政手段來加以「導正」。這是市場經濟的規範化。

廉政訴求是為了增強威權主義的說服力。既要扮好「大裁判」的角色，則官員的廉潔即更形重要。因為，行政力量介入越多，官員的貪腐空間越加大，主政者必須更大力倡導廉潔作風，否則會有政治崩盤之虞。

至於法律形式，是指要建立一套法律條規化的遊戲規則，讓它成為整體經濟體系運作的基礎。這套遊戲規則，必須涵括人民的願望、政府施政上的需求，以及合理的市場運轉模式。在它的作用下，窮人依法接受扶助，富人依法將本求利及照章納稅。這使政策制度化、長期化。以往具有個人意志色彩的「堅持黨的基本路線一百年不動搖」等口號型式的政策訴求，現今已被蘊含在法律條規之中。

胡溫政府的「經濟威權主義」，在二〇〇四年如火如荼展開的「宏觀調控」行動中顯山露水。

大多廠商應變不及

早在二〇〇四年三月，全國人大、政協同步舉行「兩會」時，大陸國務院總理溫家寶所提出的政府工作報告中，已明白將二〇〇四年的經濟成長目標從低訂為七％（上一年實質成長了九・一％），並宣示要「搞好宏觀調控」、「適當控制固定資產投資規模，堅決遏制部分行業和地區盲目投資、低水平重複建設，是今年宏觀調控的一項重要任務。」

只是，海內外對溫家寶的這項宣示，一般認為是例行公事，第一時間未加以重視，因此，四月間突如其來的一連串強力行政措施，弄得海內外一片錯愕，大多廠商應變不及。

如此密集而強力的行政手段，是讓人始料未及的，因為，近年來大陸經濟連年高速發展的結果，人們早已在潛意識裡把「成長」視為理所當然。只要是能成長的都是好東西，且若萬一經濟過熱，自有市場機制來調節。萬萬沒想到，胡溫政府遽然掄起大棒，打壓了一大串行業的成長勢頭，況且用的都是行政手段，動輒點名某個行業，將其列入黑名單，進而加以抽銀根、收土地、處罰不合規定投資項目的負責人，這樣的做法，一不小心就會導致「市場失效」和整體經濟成長動力的衰疲。

香港中資報紙在七月末有一篇異議報導，其中引述江蘇、安徽等地民營企業家的話，說他們「感覺這次宏觀調控過程中，又見到以往計劃經濟的影子，動搖經營信心」。報導中又提到，北京多位專家指出，宏觀調控漸漸進入微妙階段，行政手段效果逐步顯現，但其難以為繼的特點，令宏觀調控陷入兩難─如行政手段力度再不放鬆，將對民營經濟和市場機制產生嚴重打壓；如行政手段放鬆，投資過熱會立即反彈。

這些意見的出現，表示大陸確有一部份人對宏觀調控本身或宏觀調控方法不以為然。其中，有人提到「計劃經濟」這個敏感的名詞，似乎在暗指胡溫「走回頭路」，而另有人之對行政手段質疑，亦有規勸胡溫「不該毀壞市場經濟」的弦外之音。

發改委主任強力辯解

不過，針對這一點，國家發改委主任馬凱在二〇〇四年十一月五日的講話中，提出強力的辯解。他說：

「對於這次宏觀調控的方式方法，有人認為，走的是『老路子』，仍然是以行政

手段為主。實際情況並不是這樣。」【註七】

他舉了幾個方面的例證，如信貸方面，他說：

「在信貸手段的運用上，重點從源頭上運用多種貨幣政策工具，合理控制貨幣信貸規模，加強和改善信貸管理，加強窗口指導。中國人民銀行去年四月開始連續十八週通過發行央行票據對沖投放的基礎貨幣；六月份出台了加強房地產信貸業務管理的措施；從去年八月至今年四月間的不足八個月時間裡，兩次調整了存款準備金率，並擴大了再貸款浮息範圍；同時和銀監會共同加強對商業銀行的窗口指導，進行風險提示。今年五月初，國家發展和改革委員會與人民銀行、銀監會聯合下發了《關於進一步加強產業政策和信貸政策的協調配合，控制信貸風險有關問題的通知》，對加強信貸政策與產業政策的有機結合，強化對投資膨脹行業的信貸管理，提出了明確要求。日前，人民銀行決定，從二〇〇四年十月二十九日起，上調金融機構存貸款基準利率，並放寬人民幣貸款利率浮動區間和允許人民幣存款利率下浮。」【註八】

強調打「組合拳」

馬凱強調：「可以說，這次宏觀調控打的是『組合拳』，是綜合運用各種調控辦法，在主要運用經濟手段和法律手段的同時，也採取了一些必要的行政手段。之所以還採取必要的行政手段，主要是因為經濟生活中出現的一些矛盾和問題，有的是市場機制不健全，政府過多干預的結果。對於企業經營行為，主要運用經濟法律法規和經濟政策來規範和引導；對於地方政府直接干預企業活動，助長重複建設的行為，既要運用經濟和法律手段，又必須運用行政手段來約束和糾正，確保宏觀調控有力有效。比如，暫停審批新設和擴大各類園區，查處投資建設的違法違紀行為，對有關責任人進行嚴肅處理，這些都是必要的。當然，在採取必要的行政手段時，十分注意依法行政，並與經濟手段密切配合。」【註九】

儘管如此，人們仍難以忘懷二〇〇四年四月宏觀調控命令接連出台的「雷厲風行」氣勢。

打房價是政治問題

二〇〇五年三、四月間，宏觀調控的矛頭轉到「壓房價」的方向，儘管相關措施形式上多採用「金融」、「賦稅」的調控手段，但發下的文件仍是命令味道十足。甚至於有「把房價視為政治問題」、「由省級政府負全責」【註十】的嚴厲文句出現，行政威權十足。

肅貪是一面鮮明的旗幟

在經濟管理的威權成分顯著加大情況下，胡溫政府已同步實際加大反腐倡廉的力度。「肅貪」成了胡溫政府另一面鮮明的旗幟。

中共中央紀律檢查委員會在二〇〇四年元月十二日舉行全體會議時，胡錦濤在會上強調，要堅決查處大案要案，對腐敗份子，發現一個就要堅決查一個，絕不能姑息，絕不能手軟。

接下來，中共中央公布了「中國共產黨黨內監督條例」，及與其配套的「中國共產黨紀律處分條例」。「監督條例」確立「一把手（首長）應受監督」之重大原則，從總書記、中央政治局常委到各級領導幹部，均必須接受監督，其中，最高級的政治局常委（包括總書記），係受中央委員會監督。

至於「處分條例」，詳細規定中共黨員各項違紀行為的懲處內容，從包養情婦、股票內線交易、配偶子女在業務範圍擔任外商公司要職等行為，皆一律禁止，對於違反規定的黨員，輕者撤除黨內職務，重者開除黨籍。

該條例列出的違紀行為包括：違反政治紀律行為；違反組織、人事紀律行為；違反廉潔自律規定的行為；貪污賄賂行為；破壞社會主義經濟秩序行為：違反財經紀律行為；失職瀆職行為以及侵犯黨員權利、公民權利行為等部分。

是否脫離了現實？

這套「廉政大法」，內容洋洋灑灑，但能否實行，引起頗多人的質疑。台北《聯合報》在二〇〇四年二月十九日的報導中，即評以：中共黨員如能完全符合「條例」的要求，幾可成為「現代聖人」；言下之意，是該條例內容規範過於瑣碎，脫離了現實。

一般認為，中共打擊貪腐行為，最有效的方法是引用黨外力量來監督黨內，如加強人民代表大會的監督權，或允許新聞界自主揭發貪腐案件等，如今，中共採取「黨內監督」模式，只是跨出第一步而已。

重提「甲申三百年祭」

不過，胡溫政府至少已在決策思維裡，把反腐敗放到一個相當重要的位置。關於這方面，溫家寶在二〇〇四年三月十日四（「兩會」期間）會見中外記者時，作出如此沈痛的告白：

「今年是農曆甲申年，提起反腐敗，我就想起六十年前毛澤東主席向全黨推荐過一篇郭沫若的文章，《甲申三百年祭》，他諄諄告誡我們，不要犯驕傲的錯誤，不要犯生活腐化的錯誤，後來他又要求全黨務必保持謙虛謹慎、不驕不躁的作風，務必保持艱苦奮鬥的作風。六十年過去了，我們黨許多同志經受住了考驗，但卻也有人沒有經受住考驗，在糖衣炮彈面前倒下。因此我一直認為反腐敗是關係我們黨和國家生死存亡的大事。我們政府把反腐倡廉作為一項重要任務。我們準備抓三件事情，第一，要建立教育、法制和監督的防禦和反對腐敗的體系；第二，我鄭重向人民代表大會作出保證，要堅決查處違法違紀案件，堅決處理貪污腐敗分子，堅決糾正各種不正之風；第三，我們把涉及群眾利益的八項工作也作為反對腐敗的一項重要內容。這裡我想講一下，我和我的同事們願意接受人民的監督，因為在我的腦子裡，有著群眾歡樂的笑容，也有著他們憂愁的一些要求，但更多的是對政府的期待，我想我們政府一定要勇往直前、永不動搖、不畏艱險，為人民的利益獻出我們全部的精力和熱血。」

從這段談話看得出來，胡溫政府在反腐敗方面，有「接受人民監督」的意願，但是，在未來的日子裡，能否實際建立一套接受人民監督的可操作「機制」，仍是一大課題。

法律成為重要的統治工具

至於法律方面，人們記得，胡錦濤上任之初，即在全國範圍內發起「學習憲法」運動；這件事在海內外引起很大的迴響。隨後，胡溫政府又不斷高唱「依法治國」。明眼人一看便知，胡錦濤已將法律引為重要的統治工具。

二○○四年五一國際勞動節前夕，我在上海外灘親眼看到那兒掛出的大標語中，有一幅是這麼寫著：「憲法和法律是黨的主張和人民意志相統一的體現」。

在一個黨意與民意落差逐漸加大的社會（也可以說是走向多元化的社會），統治者借助法律力量來遂行統治意志，是一種投入少、獲益大的作為，因如此可提高其對人民的說服力，並且可以減輕統治者的政治責任，萬一政策有所失誤，可以「合法」為由，自行開脫。

胡溫執政以後，立法和訂定條規工作成了重頭戲，因而呈現了「法令多如牛毛」的態勢。如在二〇〇三年碰上「非典」（SARS），即制定了一個「突發公共衛生事件應急條例」。總計在其執政的第一年（二〇〇三年三月到二〇〇四年四月），擬定了「銀行業監督管理法草案」，制定了「企業國有資產監督管理暫行條例」等二十八部行政法規。另外，還有如「城市生活無著的流浪乞討人員救助管理辦法」這樣針對社會細部事務的規範條規。

也有法律來規範政府行為

二〇〇四年七月一日，「中華人民共和國行政許可法」正式開始施行；這是規範政府行為的一部重要法律。早在同年三月，溫家寶於全國大人、政協「兩會」上提出的「政府工作報告」中，已信誓旦旦「全面推行依法行政」，要求各級政府都要按照法定權限和程序行使權力、履行職責。從發展趨勢來看，大陸的政府行為與社會事務管理工作，將在不久的將來，完全納入法令體系的規範之下。

不過，在共產黨的體制裡，講到法律，人們自然會質疑：「究竟是黨大？還是法大？」在上個世紀末，有人向中共一位元老提出這個問題，元老從未思索過這道習題，竟一時語塞，只好搔著頭皮回答：「這個嘛，我也不知道啊！」

以共產黨的性格而言，其執政者不可能將先天賦予、高於一切的統治權抽象化，而委由客觀的法理來統治黨國。

「遊戲規則意識」已逐步形成

那為何當今的胡溫政府促成了「法令多如牛毛」的局面呢？很明顯地，他們借用了法律（及條規）的殼，來貫徹黨的意志。在可見的未來，中共的法律將一直是「黨意的載體」，必須等到長遠未來的某一天，中共徹底改造立法體制，讓立法機關享有獨立的權力，那時大陸的法律才能免受黨意的主導。

但人們對大陸法律的作用也不必太悲觀，因為在現階段「依法治國」高唱入雲的情況下，大陸人民經受潛移默化，已開始在思想深處慢慢形成「遊戲規則意識」，並逐步接受「凡事總要有套合理規範」的觀念。因此，在一些比較不牽涉政治路線問題的社會層面，可望在不久之後形成系統化的「遊戲規則」，其中，最值得期待，也最指日可待的，是「市場遊戲規則」。換言之，中共高唱許久的「依法治國」，將在市場法制建設方面先取得具體成果。

市場交易法律最重要

二〇〇三年十月中共十六屆三中全會通過的「中共中央關於完善社會主義市場經濟體制若干問題的決定」中，明確表示：

「全面推進經濟法制建設。按照依法治國的基本方略，著眼於確立制度、規範權責、保障權益，加強經濟立法。完善市場主體和中介組織法律制度，使各類市場主體真正具有完全的行為能力和責任能力。完善產權法律制度，規範和理順產權關係，保護各類產權權益。完善市場交易法律制度，保障合同自由和交易安全，維護公平競爭。完善預算、稅收、金融和投資等法律法規，規範經濟調節和市場監管。完善勞動、就業和社會保障各方面的法律法規，切實保護勞動者和公民的合法權益。完善社會領域和可持續發展等方面的法律法規，促進經濟發展和社會全面進步。」

嚴格公正與文明執法

該「決定」同時宣示：

「加強執法和監督。加強對法律法規的解釋工作，加大執法力度，提高行政執法、司法審判和檢察的能力和水平，確保法律法規的有效實施，維護法制的統一和尊嚴。按照『權力與責任掛鉤、權力與利益脫鉤』的要求，建立權責明確、行為規範、監督有效、保障有力的執法體制，防止和糾正地方保護主義和部門本位主義。改革行政執法體制，相對集中行政處罰權，推進綜合執法試點。推進司法體制改革，維護司法公正。實行執法責任制和執法過錯追究制，做到『嚴格執法、公正執法，文明執法』。」

走出醜陋的「原始積累」階段

胡錦濤及胡溫政府的執政理念若能充分落實，大陸宏觀經濟可望步入制度化發展的階段，暴起暴落情況出現的機率將比以往降低很多。而在微觀經濟方面，由於社會上的個別經濟體（企業、個人），經濟活動通通納入規範，所以「一夕致富」或「一夕傾家盪產」的故事，也會比以前減少許多。

從客觀情勢發展來看，大陸經濟確實也已發展到必須走出「叢林時代」的階段。以往由於經濟落後、體制不健全，政府、企業、個人都流行採用不正規的手法爭奪資源，賺取第一桶金，形成馬克思所說的「醜陋的原始積累」現象。

如今，中國大陸平均每人GDP已於二〇〇二年突破一千美元，上海、深圳等地更已高達五千美元左右。另方面，中共當局所掌握的「國家外匯儲備（外匯存底）」，至二〇〇五年六月底已達七一一〇億美元。如此經濟水平，是該從「原始積累」時代昇華了。

胡錦濤正在實踐的，是一場「經濟文化革命」。他本身不一定是個激烈的革命家，但他正處在中國經濟發展道路上的轉捩點，他必須從這方面下手，才能建立有特色的政績。

〔註釋〕

註一：二〇〇四年十一月三十日下午，胡錦濤到北京佑安醫院，看望在這裡住院治療的愛滋病患者，並且和病患握手、交談。

註二：引自《中共中央委員會網站》。

註三：李孟洲，「胡錦濤行情創歷史新高」，台北，《財訊月刊》，二〇〇五年六月號，頁七二～七四。

註四：《中華人民共和國憲法》（二〇〇四年修正後新版本）第十五條第二款規定：「國家加強經濟立法，完善宏觀調控」。

註五：據新華社二〇〇四年四月二十八日電。

註六：「國家發改委主任馬凱回應宏觀調控八大疑問」，北京，《人民網》，二〇〇四年十一月五日。

註七：同註六。

註八：同註六。

註九：同註六。

註十：「關於切實穩定住房價格的通知」，北京，國務院文件，二〇〇五年三月二十六日。

第四章

高科技與勞力密集的矛盾統一

他將把中國經濟帶向何方

胡錦濤現在最大的挑戰，是如何把以往二十幾年改革開放所創造出來的「經濟大國」，徹底轉型為「經濟強國」。而在中國特殊的國情下，此一「經濟強國」的概念和美、日、歐所表現出來的樣態不同，它將是「高端產業和低端產業的綜合體」，外加「全面小康社會」以及「社會主義和諧社會」。

二〇〇五年六月十一日凌晨，中國與歐盟終於就紡織品貿易爭端達成協議。中國商務部長薄熙來與歐盟貿易談判代表發表共同聲明，指出部份中國敏感紡織品出口歐洲的增幅不變，而且，到二〇〇八年，歐盟將對大陸紡織品全面開放。

襯衫和「空中巴士」的交易

輿論界認為，這是中國對外貿易談判的一場勝利。據了解，歐盟最後同意妥協，是因為薄熙來的一個觀點說服了對方，他說：「八億件襯衫才能抵一架空中巴士三八〇」【註一】。換言之，歐盟因為有條件以高價值的大商品換取中國低價值的小商品，所以他們願意對中國紡織品進口讓步。

二〇〇五年上半年，歐盟與美國聯手抵制如潮水般湧來的中國紡織品，「貿易戰爭」的火藥味很重。但這不是本書討論的主題。

此處要提出的是一個關於中國經濟結構的問題，何以改革開放的歷程已超過二十五年，但中國還在「死守」紡織品這種勞力密集產業的陣地？

要安頓四億五千萬農村勞動人口

道理很簡單，就是中國龐大的就業人口，需要那些能夠創造大量「就業崗位」的產業來吸收。特別是，在可見的未來，農村逐年釋出的大量勞動力，如果沒有足夠的就業機會來承接，中國社會恐怕會動盪不已，甚至發生較大型動亂都有可能。

二〇〇一年夏天，筆者在北京有機會向中國著名經濟學家陳淮教授請教這方面問題，他提出了一組讓我迄今印象深刻的數據：目前中國農村裡從事農業的勞動人口為五億人，而根據研究，農業領域目前的產值，只要五千萬人就能完成，也就是說，現時農村的「富餘」（多餘）勞動力達四億五千萬人。這是個很驚人的數字。

在二〇〇四年裡，當美國、日本、歐盟為促升人民幣匯率，而對中國施壓達到最高點時，一位中共官員突然撂出這麼一句話：「人民幣升值將迫使中國對外輸出一億難民！」這句話立即在國際間傳開，並引發熱烈討論。毫無疑問地，這樣的話充分表現了中國對西方施壓的強烈反彈的心理。

應付匯率升值壓力也要避免「製造難民」

匯率升值何以會製造難民？一般對此問題的答案眾說紛紜，莫衷一是。對此，我也向多位大陸台商請教過，得到一個比較合理的答案是：中國現在正努力發展本土的民營加工出口企業，其生產的大都是勞力密集日用品，用了大量的農民工，但利潤很微薄，大概在百分之三、百分之五之譜。一旦人民幣升值個百分之五，這些民營企業就會大片倒閉，導致大量工人失業。那些沿海地區的失業工人，迫於生計，會有一部分偷渡出海，進入鄰近國家。因此，所謂「輸出一億難民」的說法，雖然誇張了些，但並不離譜。

二〇〇五年七月廿一日，中國人民銀行「出其不意」地宣佈，即日起人民幣匯率不再釘住美元，改為參考「一籃子貨幣」，且次日的人民幣中間價改為八．一一元兌一美元，比原先的八．二七元兌一美元，升值二%。這項升幅，既「應付」了西方國家的促升壓力，又維護了國內勞力密集產業的持續經營能力，是帶有濃厚的「保障就業」色彩的政策操作。

中國現在正在推動落實「全面小康」政策，這政策的第一步是讓絕大部份勞動者有工作崗位可上，擁有一份至少能維持基本生活需要的工資收入。因此，在先進國家已成為落伍象徵的「勞力密集產業」，在中國都仍然受到維護。尤其像紡織業這種產品人人有需求、產業規模大、用工數量驚人的行業，在中國即成了「基本工業」，它一旦受到外來侵襲，中共當局必拼全力加以捍衛，以免造成大量工人失業。

下一代互聯網到支線飛機

但有點蹊蹺的是，中共卻不甘於長久依賴勞力密集產業生存發展。他們一方面努力維護勞力密集產業的生存，另方面卻又在高科技產業方面大力採取「跳躍式發展」的策略，直攻一些世界最先進的高科技產品。

二〇〇五年三月，中國國務院國家發展和改革委員會（發改委）公佈剛在二〇〇四年內大力發展的高新技術產業項目布局。其詳情是：

「組織實施下一代互聯網、第三代移動通訊、生物技術、現代農業、新材料等高新技術產業化專項，生物、軟件等領域建成了一批國家高新技術產業基地，重大技術裝備和重大產業技術研發工作穩步推動，自主研製和國際合作生產支線飛機取得重要進展。」【註二】

高端、低端兩極端發展

中國現階段這種朝「高端」和「低端」兩極端發展的模式，是世界各經濟體經濟發展經驗中，相當罕見的事例。

其實這又是「胡錦濤政治經濟學」的另一場實驗。如果說，胡錦濤的「兩手抓」思維也要在這方面發揮關鍵性效用的話，那麼，其中的一手要「保充分就業和技術創新」，另一手則要「壓資源浪費和技術依賴」。

二〇〇五年三月，全國人大、政協「兩會」充分展現了新的經濟發展策略。開會期間，胡錦濤獲大會通過接任國家軍委主席，完成「全面接班」的最後一道程序。因此，這一次會議的文件、討論方向及結論，充分展現了「胡錦濤新政」的架構。

我全程採訪了這次的「兩會」，發現會中所透出的經濟政策動向，擺明「對內要保障每一個勞動者的個人生存權和發展權，並激勵每一個經濟生產單位創新和追求效率的動力」，「對外則大力提高國家競爭力和經濟自主權，避免淪為經濟先進國家的附庸」。

走新型工業化道路

「走新型工業化道路」是這次「兩會」文件中相當突顯的字眼。對此，「發改委」在報告中作了如下的詮釋和引申：

「以加強和改善宏觀調控為契機，按照走新型工業化道路的要求，加大產業結構調整力度。

一、**加快振興裝備製造業**。抓緊出台鼓勵政策。依托國家重點工程，開發具有自主知識產權的核心技術。重點抓好核電機組、超臨界發電機組、直流輸電設備、清潔高效電力設備、新型軌道交通車輛，以及大型石化和大型薄板冷熱連軋成套設備等，重大技術裝備的本地化製造，提高以數控機床和自動化控制系統為代表的基礎技術裝備、新型農業技術裝備及其他節能、節水、節材、環保型設備的設計、研發和成套能力，培育和發展知名品牌。加快環渤海灣、長江口、珠江口等重要造船基礎設施和重點船用配套項目建設。努力增強自主創新能力和核心競爭力，支持企業開發具有自主知識產權的關鍵技術，重點提高重大裝備和基礎軟件的自主開發能力。

二、**大力發展高新技術產業**。積極推進若干重大領域關鍵技術創新。做大做強信息產業，培育生物產業，加快發展航空航天產業，繼續組織實施海水淡化、汽車電子等重點產業化專項，積極引導和扶持新材料、新能源和先進環保產業。新建清潔生產技術、煤炭安全採掘與高效利用等國家工程研究中心。加快組織研製高速鐵路、大型高技術船舶等重大技術裝備。積極穩妥地推進金稅、金關、金財、金農、金質等電子政務系統建設。大力發展電子商務，加快電子信息技術在外貿、石化、冶金、機械等重點領域的應用，進一步推進大型骨幹企業的信息化建設。建立網絡與信息安全保障體系。

三、促進傳統產業優化升級。抓緊發布和實施鋼鐵、電解鋁、水泥、化肥等行業產業政策和規劃。鋼鐵行業，支持大型鋼鐵企業聯合重組和建立精品鋼材生產基地。電解鋁行業，在調控總量的前提下，結合淘汰落後能力，適度建設有穩定氧化鋁原料供應和電力保障的項目，加快現有大型鋁基地建設。水泥行業，繼續發展符合規模要求的新型乾法水泥，鼓勵大型企業跨地區發展、重組和聯合。加強可再生能源開發利用，做好車用乙醇汽油的試點工作。清理整頓破壞、浪費資源和污染環境的項目。

四、加快發展服務業。優先發展現代金融、現代物流和信息服務等新興服務業。積極發展旅遊、文化、體育等需求潛力大的行業，形成新的增長點。加快發展諮詢、法律服務、科技服務等中介服務業。規範和提升傳統服務業，鼓勵和扶持社區服務業發展。」【註三】

科技進步與科技自主

在這套產業政策下，傳統產業要優化升級，高新技術產業要大力發展，等於是產業品質的全面提升。但值得注意的是，其中沒有提到要淘汰勞動密集產業，只說要「清理整頓破壞、浪費資源和污染環境的項目」。

一言以蔽之，胡溫政府期盼藉這套產業政策，把中國從「經濟大國」提升為「經濟強國」。而由於勞動密集產業的繼續存在，將來若這個「經濟強國」打造成功，也將是一個高科技產業和勞力密集產業並行發展、兼容並蓄的國度。

無論如何，「科技」成了貫穿產業全局的發展動力。而有關科技方面的政策，內涵包括「科技進步」，更包括「科技自主」；後者即「不受經濟先進國的宰制」，是「經濟強國」的重要標誌。

自主創新能力乃核心競爭力

胡錦濤對這方面已做過多次深入的表述，諸如：

「要選擇重點領域實現跨越式發展，帶動科學技術的整體發展。當代科技革命的一個顯著特點，是科技創新出現群體性突破態勢，表現為新的技術群和新的產業群的蓬勃發展。尤其是科技創新、轉化和技術更新速度不斷加快，自主創新能力已經成為國家核心競爭力的決定性因素。我國要在激烈的國際科技競爭中贏得主動，就必須把促進科技進步和創新作為推動整個科技事業發展的關鍵環節，通過重點領域的突破，帶動國家整個科技競爭力的顯著躍升。要大力加強基礎研究和高技術研究，推進關鍵技術創新和系統集成，實現技術跨越式發展。要堅持有所為有所不為的方針，選擇事關我國經濟社會發展、國家安全、人民生命健康和生態環境全局的若干領域，重點發展，重點突破，努力在關鍵領域和若干技術發展前沿掌握核心技術，擁有一批自主知識產權。要加大對信息、生物、能源、奈米和材料等關鍵性領域實施重大科技研究的支持，積極促進戰略技術及產業的發展。廣大科技人員要大力發揚『兩彈一星』精神和載人航天精神，樹立創新跨越的勇氣和信心，加強自主創新，努力創造世界一流的

科技成果。」【註四】

中國大陸高科技產業現在的發展重點，已非量的增加，而是「科技主權」的掌握，以擺脫對西方國家的技術依賴。

改變追求數量的發展模式

自鄧小平於改革開放初期提出「科學技術是第一生產力」的思想以來，中國大陸的科學技術研究有長足的進步，但在「科技產業化」、「科技商品化」方面，仍一直顯著落後於西方先進國家，甚至不如台灣與韓國，以致於，中國大陸近二十餘年來的高科技產業發展，只能唯外人馬首是瞻。其產業生態，基本上是由外人提供「具有商品化、產業化條件」的生產技術，以及資金，再利用大陸較廉價的人力、土地、材料，進行生產，所以儘管中國大陸高科技產業的產值，到本世紀初已擴大到名列世界前茅，但外資企業是行業中的最大獲利者，拿走了大部份的「附加價值」。

胡溫政府主導下的大陸經濟發展，依賴高科技產業的程度勢必比以往顯著提高，因高科技比以往擔綱的「土木經濟」更加節能、節材、節地，且迎合知識經濟的發展潮流，有助綜合國力的快速提升。

但是，胡溫政府發展高科技產業，必須改換方針，即從以往追求數量擴充，轉而強調「科技自主性」的提升，使大陸本土擁有更多知識產權的所有權，以分享更多的高科技產業附加價值。

算計投入產出比例關係

由於高科技產業的帶動，中國的傳統產業也將轉向「節約化」和「效率化」生產模式。胡溫政府近年開始算計這方面產業的投入產出比例關係，如二〇〇五年年初大陸媒體紛紛報導，上一年全國消耗了世界石油的二四%、鋼材的五〇%，口氣已非幾年前在同類新聞方面對中國消費能力的「炫耀」，而是充滿了警告的口吻。

在二〇〇五年全國人大、政協「兩會」的文件中，有兩個名詞被高度強調，分別是：

一、循環經濟：指以資源的高效利用和循環利用為核心，以低消耗、低排放、高效率為基本特徵的一種經濟增長模式。循環經濟的基本原則是「減量化、再利用、資源化」。所謂「減量化」，是指在生產和服務過程中，盡可能地減少資源消耗和廢棄物的產生，核心是提高資源利用效率。所謂「再利用」是指產品多次使用或修復、翻新或再製造後繼續使用，盡可能地延長產品的使用週期，防止產品過早地成為垃圾。所謂「資源化」是指廢棄物最大限度地轉化為資源，變廢為寶、化害為利，既可減少自然資源的消耗，又可以減少污染物的排放。【註五】

二、節約型社會：是指在社會再生產的生產、流通、消費諸環節中，通過健全機制、調整結構、技術進步、加強管理、宣傳教育等手段，動員和激勵全社會節約和高效利用各種資源，以盡可能少的資源消耗，滿足人們不斷增加的物質文化需求。它是以較低資源消耗支撐全社會較高福利水平的可持續的社會發展模式。【註六】

胡溫政府一直大力強調的「轉變經濟增長模式」，其中有部份內涵即蘊藏於這兩個名詞之中。

至於傳統產業，根據我個人的研究，未來會大力發展的方向除前面提到的「振興裝備製造業」、「促進鋼鐵、電解鋁、水泥、化肥等行業優化升級」之外，為了考量龐大勞動人口的就業需求，以下兩種「勞力密集型」的傳統產業，勢必會在中國大江南北大行其道，構成一種「中國特色」。

高科技的勞力密集產業

第一是「高科技的勞力密集產業」。這個名詞很怪，它究竟是高科技產業或是傳統產業？實際上它是運用豐富的勞動力，來組裝高科技下游產品。在「高科技產業化」的潮流下，許多科研成果必需轉化並組裝為最終商品。在經濟先進國家，最後組裝階段會盡量使用自動化設備，以節省工資支出。但在中國，由於勞動力供應源源不絕，這方面的組裝，在可見的未來，仍將高度依賴人力，形成一種「高科技產業和勞力密集產業相結合」的特殊景象。

不過，考量到生產效率問題，中國未來急需培訓大量的技術工人，也必須對廣大農民工提供基本的技術訓練，以免影響產品的良率。

除此之外，由於沿海大都會產業已飽和，人口負荷過大，影響生活與生態環境，因此，勞力密集型產業未來向內陸省份遷移的趨勢很明顯。

草根地帶城鎮的勞力密集加工業

第二是「草根地帶城鎮的勞力密集民生日用品加工業」。這是為因應中共扶助「三農」（農民、農村、農業）政策而生的一種特色工業，也就是，在中共廣泛建設「草根地帶城鎮」以發展農村經濟、安定農民生活的政策下，新興起的城鎮，必需走出新的工業化路子，否則，農業地帶無法創造出足夠的「附加價值」，不利於「全面小康」目標的達成。

俗話說：「無糧不穩，無工不富」。未來中國農業地帶除了要繼續維持糧食和副食品的生產能力外，那裡新興起的「草根式城鎮」，則要擔負起「提供農民就業機會」、「提高農民生活水平」的重責大任。在這種情況下，足以吸收大量勞動力，並提供當地民間民生必需品（含農業生產資材）的「勞力密集民生日用品加工業」在將來必大行其道，構成中國農村的新景觀。如果沒有這種工業來支撐，則胡溫政府當前大力推行的照顧農民政策，效果必大打折扣。

必須擁有「自我循環體系」

從產業政策面來看，胡溫政府現時正在把以往改革開放二十多年所建成的「經濟大國」轉型為「經濟強國」。這是「胡錦濤政治經濟學」在實踐上的一個相當重要的意涵。

而中國要成為經濟強國，首先是必需掌握「科技自主權」，使其核心生產力不受外國宰制，其次是各種產業配套平衡發展，以及各地城鄉因地制宜，各自發揮特色、協調發展。總的來看，如果中國能成為一個「擁有自我創新能力、自我循環體系與自我調整機能」的經濟體，那它就是一個經濟強國。

全面建設小康社會

自本世紀初以來，大陸官方與學術界對於「經濟強國」的願景，有諸多的描繪。其中最有代表性的表述有二。

第一是江澤民在中共「十六大」報告中所提出的「全面建設小康社會」構想：

「綜觀全局，二十一世紀頭二十年，對我國來說，是一個必須緊緊抓住並且可以大有作為的重要戰略機遇期。根據十五大提出的到二〇一〇年、建黨一百年和新中國成立一百年的發展目標，我們要在本世紀頭二十年，集中力量，全面建設惠及十幾億人口的更高水平的小康社會，使經濟更加發展、民主更加健全、科教更加進步、文化更加繁榮、社會更加和諧、人民生活更加殷實。這是實現現代化建設第三步戰略目標必經的承上啟下的發展階段，也是完善社會主義市場經濟體制和擴大對外開放的關鍵階段。經過這個階段的建設，再繼續奮鬥幾十年，到本世紀中葉基本實現現代化，把我國建成富強民主文明的社會主義國家。」

「全面建設小康社會的目標是：

一、在優化結構和提高效益的基礎上，國內生產總值到二〇二〇年力爭比二〇〇〇年翻兩番，綜合國力和國際競爭力明顯增強。基本實現工業化，建成完善的社會主義市場經濟體制和更具活力、更加開放的經濟體系。城鎮人口的比重較大幅度提高，工農差別、城鄉差別和地區差別擴大的趨勢逐步扭轉。社會保障體系比較健全，社會就業比較充分，家庭財產普遍增加，人民過上更加富足的生活。

二、社會主義民主更加完善，社會主義法制更加完備，依法治國基本方略得到全面落實，人民的政治、經濟和文化權益得到切實尊重和保障。基層民主更加健全，社會秩序良好，人民安居樂業。

三、全民族的思想道德素質、科學文化素質和健康素質明顯提高，形成比較完善的國民教育體系、科技和文化創新體系、全民健身和醫療衛生體系。人民享有接受良好教育的機會，基本普及高中階段教育，消除文盲。形成全民學習、終身學習的學習型社會，促進人的全面發展。

四、持續發展能力不斷增強，生態環境得到改善，資源利用效率顯著提高，促進人與自然的和諧，推動整個社會走上生產發展、生活富裕、生態良好的文明發展道路。」【註七】

構建社會主義和諧社會

第二是胡錦濤的「構建社會主義和諧社會」主張。

二〇〇五年二月十九日，是鄧小平逝世八週年的日子。這一天，胡錦濤在中共中央舉辦的省部級主要領導幹部專題研討班上，圍繞構建社會主義和諧社會問題發表重要講話。他強調：

「構建社會主義和諧社會，同建設社會主義物質文明、政治文明、精神文明是有機統一的。要通過發展社會主義社會的生產力來不斷增強和諧社會建設的物質基礎，通過發展社會主義民主政治來不斷加強和諧社會建設的政治保障，通過發展社會主義先進文化來不斷鞏固和諧社會建設的精神支撐，同時又通過和諧社會建設來為社會主義物質文明、政治文明、精神文明建設創造有利的社會條件。」【註八】

從民主法治到人與自然關係

代表中共中央的媒體對此加以詮釋說：

「我國目前正處於加快發展的關鍵期，經濟處於起飛階段。國際經驗告訴我們，這是一個特殊發展階段，社會經濟處於轉型期，充滿不同社會群體利益調整、衝撞，各種社會不安定因素凸顯。黨的領導必須充分考慮和兼顧不同地區、行業、階層、群體的利益，充分考慮社會各方面的承受能力，從個人、群體、社會等方面來研究人際關係、資源配置、階層結構的協調與衝突問題，這是一個長期而又艱巨的任務。」【註九】

在二〇〇五年三月全國人大、政協「兩會」開幕前夕，中共中央確立了「社會主義和諧社會」的六大特徵，並正式列入「兩會」文件。這六大特徵分別是：

一、民主法治。

二、公平正義。

三、誠信友愛。

四、充滿活力。

五、安定有序。

六、人與自然和諧相處。

二〇二〇年相當於今日之日本

以上所述的「全面小康社會」和「和諧社會」，皆可視為「中國特色經濟強國」的標誌。何以稱其為「中國特色」？因中國在一九八〇年以前，經濟上一窮二白，政治上則傾軋鬥爭不斷。一九八〇年以後，又經歷多次的政治波折，始逐漸走上較平順的軌道，所以，若能在可見的未來，讓全體人民過上小康生活，並使社會呈現安定和諧的樣態，則其在世界經濟發展史上已屬空前的奇蹟，屆時中國所發揮的「綜合國力」亦將在世界上晉入「列強」。

江澤民「十六大」報告所提的「國內生產總值到二〇二〇年力爭比二〇〇〇年翻兩番」；這是多大的經濟規模呢？即二〇〇〇年中國國內生產總值約一兆美元，至二〇二〇年「翻兩番」，表示「增長為四倍」，等於四兆美元，約略相當於二十一世紀初年的日本。

「共產主義新經濟學」大試驗

「全面小康社會」和「和諧社會」的質素不只經濟，也包括政治、社會、自然環境建構，但無疑地，生產力（經濟力）的增長和合理、有機的配置是基礎要件。若生產力發展遲滯，或發展方向扭曲，則中國的「強國之夢」會是一場空想，甚至連中共的統治基礎都會受到衝擊。

胡錦濤和溫家寶聯手執政後，大力搞宏觀調控，還面面俱到地抓農業、抓傳統產業、抓高科技產業、抓城鎮、抓鄉村、抓法治、抓環保……。他們彷彿在玩一場「拼圖遊戲」，要拼出一個前所未有的「社會主義經濟強國」圖像。這也是一場「共產主義新經濟學」大試驗，有可能會全面改寫「馬列主義」，值得世人高度關注。

〔註釋〕

註一：仇佩芬，「八億件襯衫，抵一架空中巴士」，台北，《聯合報》，二〇〇五年六月十二日。空中巴士三八〇是歐洲製造的目前世界最大客機，載客量最多可到八百多人。

註二：「關於二〇〇四年國民經濟和社會發展計劃執行情況與二〇〇五年國民經濟和社會發展計劃草案的報告」，北京，國家發展和改革委員會，第十屆全國人民代表大會第三次會議文件，頁五。

註三：同註二，頁十六～十七。

註四：胡錦濤，「在中科院、工程院院士大會上的講話」，北京，《人民網》，二〇〇四年六月二日。

註五：同註二，頁二十九。

註六：同註二，頁二十九。

註七：江澤民，「全面建設小康社會，開創中國特色社會主義事業新局面」，北京，中國共產黨第十六次全國代表大會文件之一，二〇〇二年十一月八日，頁十九～二十一。

註八：「和諧社會藍圖誕生背景」，北京，《人民網》，二〇〇五年六月二日。

註九：同註八。

第二篇

中共高層經濟熱線採訪實錄

第一章

見識趙紫陽時代的商品投機狂潮

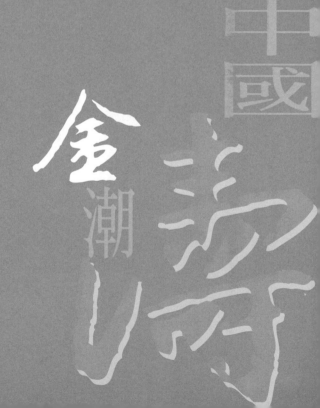

一九八八年我首度登上大陸時，那裡還是以趙紫陽為中共總書記的年代。當時我被大陸社會的商品投機狂熱嚇得目瞪口呆；另外還發現了一種名叫「官商」的經濟怪獸，他們不愛生產，偏好投機買賣，攫取不當利益，弄得物價暴漲、市場脫序和貧富對立。次年「六四事件」的爆發，可從這裡找到引信。

一九八八年五月一日凌晨二時三十分，我搭乘五星紅旗標誌的中國民航波音七四七客機，飛抵北京首都國際機場，然後，搭車穿行過烏漆嘛黑的老機場路，進入沈睡中的北京市區，最後到達市區西南端「石景山區」的「紫薇賓館」，辦妥入住手續，已是凌晨四時許。

和中國共產黨的第一次「接觸」

那是我平生首度踏上中國大陸的土地，特別是，當時我剛於三個月前自台北木柵國立政治大學東亞研究所碩士班畢業，在政大讀了三年半的共黨理論與大陸研究課程，正好來此驗證中共的真實。

這天上午，迫不及待地向賓館的車隊租了車，直奔天安門廣場。車子到了廣場西側的「新華門」，我知裡頭是中共中央委員會和中華人民共和國國務院的所在地，深具「留念」價值，遂要求師傅（司機）靠邊停一下，以便攝影，未料車子剛斜出車道，新華門門口的衛兵立刻厲聲斥責，嚴令車子迅速離開。我悻悻然地望著新華門內那塊巨大的「為人民服務」影壁，不禁疑惑，中國共產黨一貫強調「走群眾路線」，

何以對人民如此嚴防？

一九八八年時的中國共產黨，總書記是趙紫陽，他的思想本質雖仍是「四大堅持」、「一個中心，兩個基本點」那一套，但手法上比較具有資本主義色彩，如主張中國應參加「國際大循環」，和西方國家分工協作；還有他在任內實施價格改革，使相當一部份商品得以隨行就市，反映價值規律和供需法則。另外，他也在任內赴美行程中，參訪了紐約證券交易所（NYSE），表露了向美國證券界「取經」的意願。凡此種種，皆使趙紫陽在西方人士心目中，具備了比較開明的形象。可惜，他的價格改革只做到一半，市面上「兩價制」流行，有權勢的投機份子得以上下其手，以官價進，以市價出，輕易掠奪了國家資源。

令人痛苦的外匯券交易

在第一次大陸行的印象中，感覺中國共產黨除了在排場上仍擺出森嚴氣象外，對於社會生活和經濟生活的控制已經明顯放鬆了。可惜，相關的開放措施，因體制配套不佳，造成了市面的紊亂和脫序。

那次在北京期間，讓我最痛苦的是貨幣的使用。根據中共當局的規定，那時在大陸的境外客商，一律要使用「外匯兌換券」。外匯兌換券簡稱「外匯券」，實為「特種人民幣」，由中國銀行發行。境外客商每拿出一百美元，只能按官價向銀行兌換三百七十元外匯券，在法律上與三百七十元人民幣等值，但這一百美元如拿來向路邊的販子兌換普通人民幣，卻可換到五百多元。相較之下，境外客商去銀行換外匯券，等於白白損失了將近五成的幣值。

一些提供「涉外服務」的機構、商號，如友誼商店、涉外飯店、航空公司，一律對外賓收取外匯券。外賓在此支付實質價值較高的外匯券，倒也沒話說；但若到民間一般商店、餐廳去消費，還用外匯券支付的話，那就是傻瓜了。

由於是第一次造訪，事前沒問清楚，到北京的第一天就換了太多的外匯券，起初是到處支付外匯券、做傻瓜，每贏得對方「驚喜」的笑容，以為自己是大受歡迎的「同胞」，後來總算弄清楚了，但已經不知虛耗了多少銀子。

有原則就會有例外

經過這次教訓，學會了這樣的道理：「中國共產黨的事情，有原則，必有例外」；老共產黨人也常這樣勉勵晚輩：「要有松柏的原則性，也要有楊柳的靈活性」。

我在政大東亞所學了「正、反、合」的辯證法，上陣時卻還用直線式思考，也就是只讀了外匯券發行辦法的字面，就直覺以為外賓在大陸每天二十四小時都要使用外匯券，活該吃了大虧。後來眼見很多台商一到大陸第一件事就是找黑市販子換人民幣，且「不到最後關頭絕不輕易甩出外匯券」，立即領悟了台商適應大陸市場的極佳「天份」，因此，後來兩岸經貿的大發展，我當然是一點也不奇怪。

該次首訪大陸，見識最深刻的是市場價格的多重性，前面說的貨幣兩價，只是其中的一個面象。

吃飯時，上了館子，老闆問：「有沒有糧票？」我反問有糧票又如何，對方答說：「拿糧票打米飯，一斤只要一元，如果沒有糧票，就要用議價，一斤兩元。」他另外補充說，吃麵的定價也是同樣道理，因米和麵都是糧食。我知道文革時期連肉、蛋都要票，便問炒菜是否也有兩個價錢，老闆說：「現在副食品豐富了，冷菜熱炒都不用票！」說了半天，原來是這麼一回事。

令人咋舌的彩電黑市交易

但那時的彩電（彩色電視機）市場可就沒這麼簡單了。

有一天，一個販子突然追過來，要借「旅行證」（那時還沒有台胞證）；我以為是歹徒，一時慌了。他趕快好言安慰：「先生，您別擔心，借您的旅行證，只是想去友誼商店買部進口彩電，我不但不收您的錢，還要送你二百元作酬勞呢！」

原來那時的進口彩電非常緊缺，中共只在接待外賓的「友誼商店」供售，且只允許外賓每次入境時限購一台，所以我的旅行證含有一台進口彩電的購買權，自然引起販子的追逐。

販子買到進口彩電後，又有何利益？說來真令人咋舌，以日本松下「二十一遙」（二十一吋遙控）為例，友誼商店內標價二千元外匯券，若把貨弄到民間黑市去，價格即暴增到六千元人民幣，扣除外匯券與人民幣的匯差後，販子的利潤仍遠超過一倍。

大倒爺吸引小倒爺跟進

一九八八年的大陸，是一個「商品交易活潑得讓人有點膽戰心驚」的社會。筆者於北京停留（及接著去了廣州）期間，時時受到販子的糾纏，對方不是想換外匯、借旅行證，就是兜售工藝品。這種狂野式的全民商品買賣熱，讓我目瞪口呆。

在北京初識的一位新朋友，語帶保留地告訴我：「現在整個社會都是買空賣空的『倒爺』，很少人願意腳踏實地幹生產了。而且，你所看到的都是小倒爺而已，幕後還有很多大倒爺，若沒有那些大倒爺在操弄，這些小倒爺根本玩不起來。」我一時不解其深意，直到第二年北京爆發「天安門事件」，發現很多民怨是起因於老百姓看不慣「大倒爺」在市場興風作浪，坐收漁利，始恍然大悟。

大倒爺之所以為大，是因他們的背後都有政治勢力作靠山，但對外卻裝扮成企業、商人的形象，又稱為「官商」、「官倒」。能擔當這種角色的人，不是官員就是官員的子女或近親，一般老百姓根本沒有機會進入這個領域。

商業壟斷權成牟利工具

而一九八〇年代末期的大陸經營規制，也是促成大倒爺或官商坐大的溫床。那時的大陸，有些像十五、十六世紀歐洲的「重商主義」社會，即老百姓只能埋首生產，至於產品的行銷，主要操在官方手裡。無論如何，一九八〇年代末期的中共當局，並未管好手上擁有的商業壟斷權，而使它變成官員或其家屬牟利的工具。

大倒爺通常不事生產，專搞買賣。原本社會上就那麼多的商品，經他們卯勁「倒進倒出」的結果，物價當然一波漲過一波，每漲過一波，就有一截價差落入大倒爺的荷包。在這種情況下，整個社會的物價上漲力道當然很可怕。再加上，老百姓紛紛加入「倒買倒賣」行列，爭當「小倒爺」，物價上漲情勢因而一發不可收拾。

那一次去大陸時，感覺那時大陸有一種「上下爭相炒作價格，卻不用心改善產品和服務」的氛圍。

進出北京航班都嚴重誤點

這種感受，搭乘飛機進出時就很容易嚐到。如筆者初抵北京時坐的那一班飛機，足足誤點了近六個小時，否則，誰會選在凌晨兩點三十分摸黑出北京機場。更妙的是，當結束該次北京行程，準備搭機飛往廣州時，航班又誤點了八個小時。進出都碰上嚴重誤點，絕非偶然。

從北京飛廣州那一天，整整在北京機場枯坐八小時，其間，逢晚餐時間，趕緊去排隊買盒飯。我看窗口掛出的商品只有「肉末粉絲飯」和「粉絲飯」兩種，因困處機場別無選擇，只好排在一長串人龍中慢慢向窗口移動；心理本已打定主意，要「吃好一點」，買肉末粉絲飯，沒想到，隊伍走到一半，窗口突取下肉末粉絲飯的牌子，只剩一款沒有肉末的粉絲飯了。那一晚，我只能一口醬油粉絲一口白飯地解決民生問題，還一邊吃一邊想：「早知道這樣，我就先去排隊搶購一批肉末粉絲盒飯，再加一倍價錢『倒賣』給其他旅客！」這不正是當時大陸社會的寫照嗎？

浮面批判治標不治本

那一天滯留北京機場時，認識了中國國務院農業部官員榮先生，和中國科學院科學家孫先生等人。他們知道我是台灣的記者，但並不忌諱和我談論大陸社會的實況。總的來看，他們都共同認為「改革開放很正確，但若執行失當，也有可能出大亂子」。其中一位很明顯地告訴我說：「現在我們整個社會都在集中批判兩樣東西，一是物價上漲，二是貪污腐敗，新聞界是被允許討論這兩件事的！」

可惜，在「官商」結構一時無法改變的情況下，任何浮面的批判充其量只能治標而無法治本。而中國社會也只能在熾烈的官商炒作狂潮衝激下，逐步走向次年（一九八九年）的劇變。

親歷六四天安門事件現場

一九八九年五月末，我又到了北京。當時北京城內的政治氣候已是黑雲壓頂、山雨欲來。我親眼目睹了情勢一步步推演至「六四事件」爆發的過程，也發現了事件背後的諸多政經玄機。

一九八九年六月初，「六四事件」爆發前夕，我在北京天安門廣場取得一張傳單，這張傳單的內容，把「官倒」的醜惡行為描寫得淋漓盡致。原來，一九八八年初訪大陸時，友人所說的「大倒爺」，就是這副德性。

「官倒」投機炒作的手法

這張天安門傳單，打著這樣的大標題：「官倒官倒，處處通道；肚脹腸肥，百姓難熬」，其內容全文是：

「所謂官倒，即是利用國家權力，從國家獲得低價物資、進出口許可證（批件）、貸款、低價外匯等，進行貿易獲利。他們以公司的名義經營，公司可分為官方辦的和高幹子弟辦的。貿易又分為內貿和外貿兩類。

我們的官倒爺是如何大行官職，巧施經營，吮吸人民血汗的呢？

且看內貿，某太子本人風塵僕僕飛奔東北，太子駕到，黑龍江省領導怎敢怠慢，陪他前往大慶，太子喜大慶有油水可撈，以每噸三千多元的原價購進化工原料聚乙烯、聚丙烯等若干噸，運進關內，便身價倍增，賣到九千多元一噸，不費吹灰之力，事半功倍，鈔票唾手可得，豈不美哉。

對於外貿，可就難了，三個條件，缺一不可。（一）進出口許可證。（二）公司有進出口權。（三）平價外匯。其中以進出口許可證最重要。這三個條件，對於官老爺們，豈算難事？進出口許可證，可從當大官的父兄輩取得。本公司無進出口權，可委託有進出口權的公司代理。」

權力在手自然有許可證

「一九八四年底、八五年初，該太子的公司開張不久，即在貢院兩街小院和華僑大樓租一間套房，一次某人去辦事，公司職工拿出一疊進出口許可證（八百件），有一千輛臥車，幾千台彩電等。問其是否要，職工向買主收取三％的手續費，按國際慣例，他們還可向國外廠商索取佣金五％至一〇％，這筆錢最後到底算該太子公司的，抑或算該太子本人的，就不得而知了。鷸蚌相爭，漁翁得利，只要中間拉條紅線，何愁鈔票不到手，關鍵要保住烏紗，權力在手，許可證自然會有。

有權不用，過期作廢。官老爺又不是出家的和尚，什麼百姓辛苦，災區告急，見了饅頭就暈了頭。某煤炭進出口公司出口煤，港商付給官員的佣金為每噸二美元（煤價四一至四五美元／噸），存在香港。

單賣批件（許可證）也是官倒的一種技倆，最近時價：進口批件二十吋彩色顯像管每支五百元；如果某公司有一萬五千支彩顯的批件的話，就可唾手可得七百五十萬人民幣，鋼材二百元／噸，硅鐵出口許可證規定五〇元／噸。」

洋洋灑灑的貨品清單

「另某局長因向美國某飛機公司索賄五十萬美元（買大客機）被撤職，他的三個兒子在美國，一個女兒在歐洲，有一個兒子一個多月前回國，說他可以弄到下列產品的進口許可證：

一、魚粉二萬噸。二、鍍鋅鐵皮二萬噸。三、化肥（尿素等）十九噸。四、聚丙烯若干。五、高壓聚乙烯一千噸。六、冷軋薄皮一千噸。七、冷軋板一千噸。八、鍍銅若干。九、棕櫚油六千噸。十、燒碱兩千噸。十一、丙二醇二十噸。十二、丁醇二十噸。十三、乙二醇一一〇噸。十四、氫氧化鈉一千噸。十五、木材五十萬立方米。十六、ABS樹脂二千噸。該局長的這個兒子已在美國住了十年，竟還有這麼大的威力，怪不得中國外債累累，因為有人肚滿腸肥。

官倒爺們豈是等閒之輩，職權在握，智商超常，發財之道道道精通。平價外匯也是他們發財的途徑之一。如某公司一九八四至一九八五年獲得數百萬美元平價外匯，進口產品後以一比十五出售獲暴利。

一面是飢腸轆轆，一面是揮霍無度；一面是財政緊缺，一面是腰囊膨脹。中國為何外債累累，中國為何財政虧空，百姓為何上不起街市，買不起衣物？其關鍵就在於一個『官』字。大官帶頭，小官隨後，官官相護。試問中國將倒在誰手。官不腐，民不反，任其官倒橫行，興邦建國豈不是空話。病木該打藥了，蛀蟲該殺死了。否則，人民不答應，歷史不答應，掌權執政的人民公僕，你們答應與否？」

老百姓受不了啊！

我（本書作者）是六四事件現場的親歷者（圖六），而此一重大事件，突顯了中國共產黨改革開放後潛伏在黨內外的重大問題。

那時我正在為牛頓集團籌辦「中國商情周刊」，為了建立北京的人脈關係，於一九八九年五月三十日率同仁三人從香港飛抵北京。

五月底的北京，學生運動正熱到高點，而官方也已下了戒嚴令，雙方劍拔弩張。老百姓普遍表現出的政治狂熱，讓人不安。

從機場載我們進城的胖司機，一面開車，一面興高采烈地大談天安門廣場上學生與群眾的「膽識」，好似共產黨已無能為力，屈居下風了。

問起學生運動的起因，胖司機不假思索回答：「官倒、貪污腐敗、物價上漲，老百姓受不了啊！」他特別如此形容物價上漲的慘況：「你們知道今年北京的西瓜有多貴嗎？嘿！一斤一塊錢，一個西瓜差不多二十一斤，二十一元；我的基本工資只有六十三元，只夠買他媽的三個西瓜！」講到這裡，他憤慨地提議說：「你們先不去賓館，我這就拉你們去天安門廣場看學生。」

同志！抽什麼好菸？

一下飛機，就可以感受到，中共改革開放已十年，雖然市面上吃的、穿的、用的東西豐富了，但因物價節節高漲，很多老百姓不但感覺生活比以前更痛苦，更發現很多官商不事生產，專憑特權搞低進高出的買賣，飽賺價差；一些稀缺商品，從甲官商賣到乙官商、丙官商，價格逐手上浮，賣到消費群眾手中，往往已成「天價」。像進口「二十一遙（二十一吋遙控）」彩電，黑市價六千，而一般職工基本工資不及百元。這樣的社會，不亂才怪。

六四天安門事件爆發前的北京，老百姓的仇富思想特別重。有天我在「前門」吃了飯，站在路邊抽菸、等同伴時，一個當地青年冒冒失失走過來，衝口說：「同志，抽什麼好菸？給我一根抽吧！」他顯然以為我是吃香喝辣的幹部，刻意來打「抽豐」哩！

那幾天，天安門廣場邊的歌舞廳還有一部份照常營業。我們有天夜裡走過其中一家「聚雅酒家」，見裡面依然歌舞昇平、高朋滿座，但也聽到路過的北京民眾大罵：「國家都搞成這樣子了，還吃喝玩樂，丟臉！」店內與店外，兩種思想在較量。

心情躁到了極點

至於廣場上學生與當局雙方對峙與叫陣的情況，一眼看就知其已到「矛盾激化」的程度，表面上雖還看不出有動粗的跡象，實際上兩邊的心情都躁到了極點。

如五月三十日傍晚，我們到了天安門，見到廣場上處處有一小股一小股的人群，圍著一個學生聽演說，他們不用擴音器，只用喉嚨，有時心急的民眾還會打斷演說提出他想知道的問題。

我們分別停在兩個地方聽學生演說。其中一個是男孩，約二十歲，從四川來，穿紅色T恤，皮膚曬得黝黑，他向民眾說學生並不怕死、不怕流血，怕的是絕食的絕食、抗議的抗議，最後上面仍不理不睬，一點反應也沒有，那學生抗議就不值得了。「假如上面有反應，即使是派坦克車來，我去擋去流血都沒有關係。」

他的語氣極平和，好像在話家常一樣，一點也不煽動，旁邊有老太太聽不下去，說道：「坦克車真要來你們可別真去擋噢！」學生說：「哪怕血從我身上流出來也沒有關係，真要坦克車來了，流血是少不了的。」

另一處是個女大學生演講，她的面貌淑麗可愛，說話卻很有力，很有辯才，她向民眾解釋學生為什麼要到天安門來抗議，也說中國歷史近百年來老是停滯不前，其他各國都往前進了，只有中國還抱殘守缺，原地不動。

她說話的氣魄非凡，像是要把整個中國歷史都翻過來重新檢討省思一樣。

官方的「心戰喊話」

突然，幾個擴音喇叭狂響起來，原來是「天安門管理委員會」正在向學生「心戰喊話」。頓時全廣場的學生和民眾一起以噓聲喝倒采，但仍壓不住管理委員會的巨型喇叭，他們宣告著——「一小撮人，惡意的在神聖的人民英雄紀念碑旁豎立什麼民主女神像，要知道這並不是美國，即使是美國也不會允許這種未經許可便胡亂在國家神聖集會場所搭造塑像的行為。」

之後委員會又宣讀了一些「讀者來信」，指責學生無理取鬧，妨礙了市容和交通。也有說學生搞亂全市秩序，使一般民眾生活極感不便。但喇叭的聲音一停，學生們馬上以擴音器回敬，指責政府無能腐化，專制集權，沒有人性。未說完，群眾拍手表示支持。

不斷升高壓力和溫度的鋼瓶

從廣場的擴音器「對話」內容來看，中共政府的態度與學生的態度，已經各走極端，似已無挽回的餘地，原先以為中共會以拖延戰術瓦解學運，但當天晚上看來，雙方鬥爭性皆極強，學生已抱著流血的心情抗爭到底，而中共的反應也愈來愈不耐煩，天安門的對峙就像一個不斷升高壓力和溫度的鋼瓶，何時要爆炸開來，誰也不曉得。然而群眾的心情仍是熱鬧的、高昂的、遊戲的，雖然也有緊張，但那就像是過節時放鞭炮似的緊張，是刺激的，不是凝重的。他們一邊喝飲料汽水，一邊高興的為學生鼓掌叫好，似乎忘了一里旁的故宮內便駐有隨時可派來鎮壓民眾的重兵，我們懷疑是不是全世界的記者都集中到此，使人民下意識的把群眾的力量過分膨脹了，認定中共政府沒這「膽子」跟群眾作對、跟全世界的記者作對。而日後的發展血淋淋的說出，中共確實有這「膽子」。

天安門事件最後因軍隊於六月四日凌晨強行進入清場，而以悲劇告終。我們一行人運氣甚佳，提早幾小時，於六月三日晚間十時許，即解放軍正要進入天安門廣場的時刻，搭機飛往上海。

如今回想起來，天安門事件留下了幾個耐人尋味的啟示。

中共採用「階級隔離」手法

第一是中共習於採用「階級隔離」的手法來處理社會動亂問題。如我們在北京期間，天天目睹「百萬市民上街頭聲援學生」，感覺局勢很嚇人，但有位當地行家有另一種看法：「人多未必有用，你要看出來的都是些什麼人，現在擺明的事實是，走出來和學生站在一起的，大都是大叔、大嬸，還有知識份子以及個體戶，私營企業從業人員等自由職業者。那些廣大的工人階級，主要是國營企業的職工，都被嚴令不許動。只要工人階級不出來造反，當局可是如同吃了定心丸！」

他說的沒錯。我們確實聽說，北京各家國營企業已嚴令職工必需堅守崗位，不得曠職。也難怪有一天晚上，我們去一家國營的飯店吃宵夜，幾位服務員趁機對我們發抒悶氣：「上面不讓我們去聲援學生，誰去遊行就開除誰。這飯店是小資產階級思想，都陰，誰也不敢動。沒意思！」

中共甚至還想到「以鄉村農民包圍城市」的「階級鬥爭」策略。首都機場所在的順義縣，曾動員大批農民上街遊行，宣稱擁護政府，反對學運，以向天安門廣場示威，但並未發生作用。

有關經驗顯示，「階級觀點」是研究中共問題的好角度。以此看天安門事件，看出不少堂奧。換言之，如果事件當時，工農階級失控、與學生合流，中共的處理手法必大不相同，而歷史也將全面改寫。

外國人的角色很奇怪

第二，外國人在天安門事件中扮演的角色很奇怪。

我們到北京的第一天，就覺得當地外國人的氣焰很高。那一天晚上，我們抽空去北京飯店後面的「霞光飯莊」吃點東西，兩個歐洲記者正在那裡喝啤酒，見我們進來，便揮手問說：「喂！你們是日本人嗎？」我們回答：「不！我們從台灣來。」對方立時亮著眼睛說：「哦！台灣！北投，馬殺雞！」我們有些困窘地勉強回應：「對！北投有馬殺雞。」對方卻變本加厲，用手指著自己的下陰，再一次強調語氣說：「北投，馬殺雞！」我們苦笑了一下，立刻把頭別開，不予理會，老外卻大笑起來，令我們心裡很氣憤。

還有，外國媒體派來的大批記者，天天在天安門廣場穿梭，難怪有的群眾說，外國記者二十四小時在廣場錄影，這場學運已成全世界注目的焦點，官方的戒嚴令又怎樣。

在北京停留期間，我們去訪問了一位日商。這位日本人，沒像金髮碧眼的洋人那麼激情，但卻知道很多內幕消息，他說，幾天前，在某高幹家中，碰巧跟這家人老中青三代一起談話，他引述談話內容：

「中年一代向老一代說，打天下的不一定要治天下，抓權不必抓到壽終正寢，這個權早晚是要放下去的，而晚放不如早放，猶豫的放不如痛快的放，新一代的人總是要出頭的。少一代的又對中年一代說，現在的社會主義路線都不通，要大刀闊斧改造才跟得上時代的趨勢。」

這個對話明顯的表露了老中青三代政治觀念的分歧。

早已精準料到事件結局

更神奇的是，我們問天安門學運的結局會如何（那時六四事件尚未發生），他的回答居然和後來實際發生的事實差不多。他說：

「中共要整人是很容易的，也很有步驟。先從學生內部製造矛盾，劃出『一小撮別有用心的壞份子』，集中力量打這一小撮人。若不行，等半夜三、四點，群眾少時，把電源一切，軍隊開過來，速戰速決，第二天一早全解決了，再抓出幾個投降派，承認自己的罪行全是受到某些人的蠱惑，製造出輿論，便可集中力量抓人整肅了。歷年來整肅的手法都是這樣的。」

跡象顯示，來自資本主義國家的外國人對中共的心態其實是很複雜的，有人趾高氣揚，有人心存敵意，但也有人鴨子划水，結交高層。看來，中共和資本主義國家如何真正和平共處、互利並榮，還真是門大學問。

深諳內情的台商

第三，官方內情外洩多。

其實，到北京之前，我們在香港已從台商口中知道「北京肯定要出事」。那是一位剛認識的台商紀先生，知道我們要赴北京，語重心長地告訴我們說：「我聽說中共中央已決定動用軍隊鎮壓，你們在北京若碰到事情，要趕緊奔到天津港，美國會派軍艦來接人，台灣人也可以上船。」問起消息從何而來，紀先生神秘地回答：「台商和中共太子黨做生意的很多！」

在北京，六月一日，中共展開「統一思想工作」的消息傳開了，連街上的個體戶都在打聽「如何統一思想」。其實，外地人光看北京市面的變化，也知是怎麼一回事，因為，這一天，長安大街上的所有機關大樓通通掛出透天的長紅布條，上面打著殺氣騰騰的大標語：「必須旗幟鮮明地反對動亂」、「反對資產階級自由化」、「維護社會秩序，打擊暴亂份子」等等。讀了這些文字，就知道悲劇快要發生了。

一旦中共公開把話講滿，那就表示全黨的思想已經統一，即將採取行動。而在這之前，到處流傳小道消息、內幕消息的情況，是在說明各派系鬥爭、爭論激烈，有人在揭露其他派系的陰謀、陽謀，也有人在為自己的主張放空氣，以測試反應或造勢頭。這就是六四事件前夕政治氣候變化的寫照。

初訪上海行程是一場震撼教育

六四事件爆發的那一刻，我從北京飛往上海，接著親眼目睹了該事件延燒上海的熾烈局面，也深刻體會了上海人「非常革命，卻又非常開放」的特質。這個城市，深層結構裡有計劃經濟的骨架，但卻善於吸收及引用資本主義的手法；這樣的特質，至今依然沒變。

我的第一次上海行，是在六四天安門事件的低氣壓之下進行的。一九八九年，六月三日近午夜時分，正是軍隊在向天安門廣場挺進的時刻，我們一行人在北京首都機場一處臨時安排的登機閘口搭機起飛前往上海。

飛抵上海虹橋機場時，上海人對北京正在發生的大事仍不知覺。幾位商販圍過來，拉車的、介紹旅館的，還有換外匯的。我問其中換外匯的：「美元怎麼換？」對方答：「一美元換七塊六！」我略微抬了一下價：「北京都換到七塊八了，你才七塊六啊？」她哇啦哇啦叫起來：「北京人都是土包子，沒見過世面，我們上海美元多的是咧！」

上海對事件的第一個反應

住進虹橋賓館，一夜無語，但第二天大清早，同事緊急來敲門：「李先生！快起來，北京出大事了！」當時趕緊打開電視，哇！中央電視台變成黑白畫面，主播寒著臉唸著：「戒嚴部隊平息反革命暴亂，進駐天安門廣場，……。」但播到一半，畫面、聲音突然消失，緊接著隱約傳出電視台內部爭論、拉扯的聲音。

打開窗戶看下去，發現延安東路已經有不少市民上街頭示威抗議，交通即將阻斷。從這時起，開始目睹上海人「革命」的一面。

趁著延安路尚可勉強通行，我們趕緊包了一部車出去，一出門就看到附近「中國紡織大學」學生隊伍已經上街，打著大旗和標語抗議軍隊進入天安門廣場，街上的市民群眾則攔下公共汽車，要求司機把車橫擺路中，阻斷交通，微妙的是，公共汽車司機大都願意配合，少人反抗，有位司機且臉上掛著微笑，欣然把車橫放路中，熄了火，到車後廂牽出一部自行車，揚長而去，顯然是有備而來。

外白渡橋成了「新聞中心」

外灘上著名的外白渡橋，是這次上海風暴的「新聞中心」。我們到了那兒，發現橋上已被人貼了一批白海報，上面寫的主要是北京昨夜的死亡人數，都是學生、市民從美國之音等外國媒體收到消息後，寫出來貼上去的。我們在現場看到，貼出的死亡人數，最多的已達幾千人。那裡有一個人說：「從大清早開始，這裡不斷新貼出的死亡人數一直節節升高，從幾百人到一千人、兩千人。」而隨著傳說的死亡人數不斷升高，市民的情緒也越來越沸騰。

中共管制新聞的政策，這次使他們自己嘗到惡果。由於缺乏公開明確的訊息，市民盡信街頭傳言、小字報，結果使上海這個經濟重鎮蒙受了一場浩劫。

到六月四日中午時分，上海市區主幹道幾已癱瘓，我們發現市民大都是滿臉怒容和愁容，街邊常見「北京在流血，上海要奮起」之類的標語。北京之火，已然飛濺上海。但上海市中共當局也不甘示弱，在很多大樓上掛出大標語，上面寫著「堅持四項基本原則」、「旗幟鮮明制止動亂」等。

參訪中共「一大」會址

想起上海是中國共產黨第一次全國代表大會（中共「一大」）前半段議程開會的地方（後半段在浙江嘉興完成），下午，我們勉強前行，到黃陂南路的「一大會址」紀念館參訪。到了那兒，發現這處中共「革命聖地」，卻是門前冷落，見不到一個訪客。在天安門事件的衝激下，人們對於共產黨一向大書特書的光榮發軔史，似乎冷淡以對。

我們朝著大門內喊了好幾聲，才見管理人員出來應門。在冷清的氣氛中，我們進入當年「一大」開會的房間，見現場擺了一張大方桌，及十三套茶杯，代表當年開會的十三個人，桌中央還擱著兩包火柴，以示當時的與會者有點菸的需求。我們凝視桌面，彷彿見到當年菸霧繚繞、發言盈室的景象。

中國共產黨是在一九二一年的七月下旬某日，也就是「一大」開會之日，正式誕生於上海。早期中共元老們把這日期記錯，誤以為七月一日是「一大」開會日，將其定為黨慶紀念日，且沿用至今。

中共何以在上海誕生？

我所就讀的台北國立政治大學東亞研究所的老教授郭華倫，在一九七〇年代以精密的史料分析考證，發現中共「一大」開幕日期是七月二十七日，不是七月一日。這項重大學術研究成果，獲得國際學術界普遍認同，中共亦已引用其他資料，認定「一大」開會日則是七月二十三日，非七月一日（但未因此更動中共黨慶紀念日）。

郭華倫教授曾是中共紅軍時期的江西省委書記，堪稱為研究中共學界的「活歷史」。可惜，我出生也晚，進東亞所時他剛過世，未能親聆他的教導，扼腕之餘，只能捧讀他所遺留的四卷「中共史論」。

無論如何，中共「一大」在上海召開是正確無誤的，而這個工商業大城之所以成為中共的發源地，主要原因，第一是當時上海有外國租界，租界裡較容易掩護共產黨員的活動；第二，上海是中國工人最多的地方，在上海搞共產革命，符合馬克思主義以「工人無產階級」為革命主要動力的理論。

文革時的上海人民公社

上海是中國最西化的城市，但它卻成為中共的創始地，這似乎不是歷史的偶然，而是冥冥中有一種規律在發生作用。否則，為何在文化大革命的第二年（一九六七年），上海市即鬧出激烈的「一月風暴」，進而仿效一八七〇年的法國「巴黎公社」，成立了全大陸第一個革命造反政府——上海人民公社（後改為上海市革命委員會），取代了中共上海市委員會？

上海市的深層結構裡一定蘊藏有一股不小的「革命動能」，這股動能一旦發作起來，每如排山倒海。所以，六四天安門事件消息一傳來，上海市區不消半天即告癱瘓。

而在平常，這股動能卻以社會主義集體結構的形式深藏不露。如我們所訪問的閔行區，傳統產業生態即頗值探究。

閔行區國營大廠景況

閔行區傳統產業所扮演的角色，一言以蔽之，就是「社會主義計劃經濟大本營」。一九八九年，在那兒，還滿是「汽輪機廠」、「鍋爐廠」、「動力機械廠」等等國營重工業大廠。在改革開放以前，這些國營大廠堪稱為計劃經濟的鐵衛軍。而長期以來人們常說的「上海支撐了全國六分之一的財政」，其根源也主要在於這類國營工廠的生產活動。

那一天我們一行到了閔行，在那兒感受到的是和上海市中心截然不同的氛圍；上海市中心正在為六四天安門事件而冒火，這裡卻是靜悄悄，連街上的人、車也是稀疏。

有位當地人士一語道破：「上海市當局為了防止這裡的產業工人大軍上街頭，特別對按時正常上班工人每人每天加發十元工資。」天呀！「一天加十元」，這在當時基本工資未滿百元的情況下，是何等吸引人的價碼。由於閔行區的職工們忙著上班，整個區都聞不到一絲六四事件引來的火氣。

胡蘿蔔與棒子的兩手策略

比起其他省市在事件前後一味嚴令職工準時到班不得上街遊行的做法，上海市當局比較技巧地採用了「胡蘿蔔與棒子」的兩手策略——你千萬別上街，但只要來上班，就給你重賞。這不是「在計劃經濟的基礎上採用資本主義的物質刺激辦法」嗎？

由於有過這段親身經歷，我直到今天還一直堅信，作為中共最重要經濟基礎的上海市，經濟本質是「社會主義的骨架，資本主義的裝潢」。這種樣態，對那些善於權變的領導人而言，反而容易發揮領導效能。像二〇〇三年「非典型肺炎」（SARS）肆虐期間，上海防疫工作可以做到近乎滴水不露，病例數亦偏少，顯係其社會主義結構在緊急事故時發生高效應變能力所致。

綜合六四事件期間我在上海的所見所聞，可說上海市基本上是一個集體意識相當強的城市，這種集體意識，如果官方引導得好，可以成為中共的支持力量，但若官方的作為犯了眾怒，上海市也可以在一夕之間變天。且由於上海人接觸外國事物多，見聞較廣，所以官方施政必需採用較文明，或較資本主義式的細膩手法，不能隨便動粗。

對外來客人的態度

如六四事件爆發後，上海群眾全力防堵解放軍進城，甚至有人出來攔阻火車。在如此激烈的對立情緒下，當時的上海市長朱鎔基出面拍胸脯保證：「有我朱鎔基在，解放軍絕對不會進城！」此外，針對六四事件的爭議，朱鎔基也語重心長地告訴上海市民：「歷史真相終會大白！」這些深入人心的話語，使上海市的民情逐漸平復下來。按當時上海市政務係由朱鎔基擔綱，至於市委書記江澤民，已於稍早奉召入京，接手中共中央總書記的工作。

一九八九年六月六日，也就是北京六四天安門事件後的第三天，我們一行人自上海市延安路虹橋賓館，衝出街上示威的人群，「逃難」奔往虹橋機場。沒想到，在出門的一霎那，旁邊的群眾對我們鼓起掌來，掌聲裡包含著對外賓的歉意。其中一位中年男子甚至上前對著那位幫我們拉車的老漢說：

「喂！老頭，這些人是台灣來的，你可不能漫天要價，此次行動（指市民上街示威遊行）帶給外人不便，已是不得已的事，現今局勢如此，你可不能趁機發國難財，別讓人說咱們中國人沒志氣！」

上海人連示威遊行都考慮到外賓通行的方便，這個城市骨子裡有對外開放的好條件。我們這次的落難之行，還受到一位新認識的好朋友的照顧，即上海市知名老記者、作家石四維先生，他早已在機關裡為我們拿到了一張蓋有官章的通行證明，以作為我們萬一行程受阻時的通關路條。

坐人力車到機場

我們一行人把大包小包的行李送上「老漢」的人力板車，然後擠擠挨挨地穿出虹橋賓館門外大街上的人潮，緩慢地往虹橋機場移動。那老漢的車是石先生臨時在大街上四處搜尋找到的唯一交通工具。此外，石先生早見上海街頭交通未恢復正常，已先料到沒有出租車，因此，他來送行時，已先拉了朋友宓先生、蓋先生兩人騎自行車同來，以備不時之需，一來到現場又眼明手快地為我們找到踩人力板車的老漢，於是，我們在通往虹橋機場的大街上，或乘自行車，或坐上板車，有時還下來徒步一段，遇上坡路時還需幫忙推車，如此步步為營，總算走到了機場。

一次難忘的搭機經驗

在上海城內尚是沸沸揚揚的情況下，幸好虹橋機場的國際航班仍正常起降，但這次的搭機經驗，卻令我終生難忘。

我們坐的是一家大陸的航空公司飛往香港的班機，一上飛機，就感覺艙內人群情緒上的氣壓很低，空服員則是一臉不高興。有位空中小姐過來發報紙，我同事先拿了一份，鄰座的我接著也想拿一份，但說時遲那時快，她卻遽然把報紙移開，還責備我說：「你們兩個人不能同看一份嗎？」顯然，受了政治事件的刺激，她正在生氣。

更刺激的是，飛機都滑行出停機坪，快到跑道頭了，此刻卻有位男空服員大搖大擺地走到艙門口，故意大叫：「哎呀！都忘了鎖門了。」然後旋轉鑰匙，狠狠拔出，揚長而去，把周遭的乘客嚇得發楞。

這下子輪到我發慌了。這飛機會不會被開下去撞山呢？整個行程中我心裡一直忐忑著，直到兩個小時後，機輪碰到香港機場的跑道，心中的大石頭才掉下來。

幾天前，我們因早離開北京幾個小時，躲過了「那場風波」，但此次行程在上海結束時，依然滿身狼狽和滿心不安。這是我漫長的大陸採訪生涯中，感受最深刻的一場「震撼教育」。

第三章

難忘大陸經濟那次的大起大落

中國經濟金潮

一九九二年年初鄧小平南巡，掀起了大陸新一波經濟高潮。那時大陸社會出現了相當驚人的經商熱、集資熱、股票熱、房市熱、外匯熱。但只到一九九三年年中，朱鎔基即祭出「加強宏觀調控」手段，頓時堵死市場上湧動的投機熱潮。這是大陸市場一次影響深遠的大起大落，我在大陸採訪線上親身感受，至今印象深刻。

一九七八年中共正式推動改革開放政策後，多年來大陸經濟有過數次的大起大落。其中，個人涉獵較多，也認為最有研究價值的是一九九二年到一九九三年那一次，因該次大起大落的過程中，市場力量首度表現出驚人的興風作浪能力，特別是，資金市場的爆發，最令人印象深刻。

一九九二年是大起之年，那一年年初，鄧小平作了轟動海內外的南巡之行，並藉著名的「南巡講話」，衝破了計劃經濟意識型態牢籠，為神州大地種下「社會主義市場經濟」的根苗。

「官民皆商」時代來了

鄧小平本人大概也沒有想到，他的南巡之舉，像是打開「潘朵拉的盒子」，引出了名叫「市場力量」的神怪大巨人；在後者的神力翻騰之下，一九九二年大陸掀起全民大經商與全社會大投機的熱潮。一九八九年以前「官商」橫行的景象，至此已被「官民皆商」的局面所取代。而以往被視為「旁門左道」的個體戶、私營企業，到此刻也擠進經濟的主流圈內，不再是次等貨色。

被壓抑已久的市場力量迸發了，全大陸金流湧動，股市、房市出現投機高潮，據說華中地區有農民把耕牛賣了，進入城鎮去炒股；部份南方城市則出現炒作「股票中購單」的不可思議景象。房地產市場也是熱火朝天，海口、深圳、珠海、北海（廣西）的新樓盤如雨後春筍冒出，中國南方沿海彷彿成了一個大工地。但是偏差的經濟過熱形勢，只延續了一年多，就在一九九三年年中遭朱鎔基的「加強宏觀調控」政策一刀砍下，經濟霎時急凍、大落。這是後話。

一九九二年三月，我應聘擔任工商時報大陸新聞中心主任，在社方的大力支持下，巡訪大陸的頻率驟然升高，新聞訊息的收獲也相當豐盛。

走出改革開放的空窗期

首先是，實地感受到鄧小平「南巡講話」內容被接受程度，在大陸由冷轉溫再到炙手可熱的過程。

鄧小平南巡的背景是，一九八九年六四天安門事件過後的中國大陸，經濟上保守思想橫行，計劃經濟再度抬頭，中共黨內甚至有人喊出「倒向俄羅斯」，改革開放進入「空窗期」，整個大陸經濟體系在「治理整頓」政策下，氣氛非常沈悶。老於世故的鄧小平深知情勢不妙，遂於一九九二年元月中旬南下，先到湖北武漢，再赴深圳、珠海、上海等地巡視，沿途卯勁點火、放砲，為改革開放的重新加熱升溫造勢。他沿途所作的「南巡講話」中，有下列這些震撼人心的表述：

——計劃經濟不等於社會主義，資本主義也有計劃；市場經濟不等於資本主義，社會主義也有市場。

——社會主義的本質，是解放生產力，發展生產力，消滅剝削，消除兩極分化，最終達到共同富裕。

——發展才是硬道理。

——改革開放邁不開步子，不敢闖，說來說去都是怕資本主義的東西多了，走了資本主義道路。要害是姓「資」還是姓「社」的問題。判斷的標準，應該主要看是否有利於發展社會主義社會的生產力，是否有利於增強社會主義國家的綜合國力，是否有利於提高人民的生活水平。（即「三個有利於」）

微妙的是，鄧小平講了那麼「石破天驚」的話，全中國大部份人民在第一時間居然都聽不見。原來那時大陸新聞傳播媒體保守思想濃厚，不敢輕易揭露鄧小平南巡的消息及相關講話內容。除廣東省某些思想較開放的報紙，對鄧小平的行程動態有片斷的揭露外，其他媒體對此基本採旁觀態度。

南巡講話終於全面發酵

在中共黨內，作為「路線改革者」的代價是很大的。以鄧小平如此高的威望，居然也會因為推動一種新的路線，而遭受到如此強大的抵制，這是生活在台灣的人所難以理解的政治生態。

不過，在一批改革開放支持者的暗中運作下，鄧小平的南巡講話經過兩個月的沈澱，終於三月份在上海媒體全面曝光，象徵新的改革開放思想從廣東「北伐」，成功「佔領」上海。在上海勝利後，緊接著挺進北京—北京媒體亦跟進整版披露鄧小平的南巡講話。至此，鄧小平所倡導的「社會主義市場經濟」，終在全國範圍站穩腳跟，相對地，「計劃經濟」同時準備退位。

大陸「中華工商時報」是北京第一批全版刊出鄧小平南巡動態的報紙之一。該報是台北「工商時報」的合作夥伴，我因在工商時報任職，得以和中華工商時報的領導幹部及工作人員交朋友。至今猶記得，當時雙方在北京見面，中華工商時報的領導丁望等人，把該報登載鄧小平南巡消息的報紙專版當作禮物送給我們，還興高采烈地宣揚他們自已勇於披露改革開放新思想的勇敢行為。

鄧小平南巡所倡導的新路線，後來經中共中央正式命名為「社會主義市場經濟」，這是有史以來首度有馬列主義黨把「市場」列為路線，其在海內外引發的轟動效果，不問可知。

汪道涵「爆料」給台灣媒體

而「社會主義市場經濟」這個新名詞，首次在海外曝光的地方，就是台灣的媒體；「爆料」給台灣媒體的中共高幹，乃鼎鼎大名的海峽兩岸關係協會（海協會）原會長汪道涵（已故）。

「爆料」的場合，是一九九二年夏天在上海舉行的一項兩岸經貿交流活動，我適巧在現場，汪道涵是此活動的大陸合辦方單位領頭人物，多次出現會場，總是受到台灣記者的包圍。那時候，鄧小平年初南巡講話的消息已經全面曝光，海內外都在熱烈討論大陸進一步經濟改革的動向，這自然也是台灣記者向汪道涵追問的話題。面對這道題目，汪道涵坦然回答，意思是中國共產黨黨內已形成共識，準備實行「社會主義市場經濟」的新路線，台商在大陸投資的前景大好！這則新聞傳回台灣，上了不只一家報紙的一版頭條。

轉瞬間，夏去秋來，中共於同年九月召開第十四次全國代表大會（十四大），順利通過當時總書記江澤民所提出的報告，報告中有下述的重要內容：

市場經濟與聯合經營

「我國經濟體制改革的目標是建立社會主義市場經濟體制，以利於進一步解放和發展生產力。」

「我們要建立的社會主義市場經濟體制，就是市場在社會主義國家宏觀調控下，對資源配置起基礎性作用，使經濟活動遵循價值規律的要求，適應供求關係的變化。」

「社會主義市場經濟體制是同社會主義基本制度結合在一起的。在所有制結構上，以公有制包括全民所有制和集體所有制經濟為主體，個體經濟、私營經濟、外資經濟為補充，多種經濟成分長期共同發展，不同經濟成分還可以實行多種形式的聯合經營。」

其中，「市場經濟」和「聯合經營」都是關鍵詞。

社會主義市場經濟，這八個字現在已經深入人心，成為中國老百姓經濟生活中不可或缺的「基本元素」。但在當年，鄧小平為了這八個字，卻是硬撐著八十八歲之身軀，拼老命走南闖北呢！

人們冷待政治熱求金錢

如今評價起來，鄧小平建立了這個新路線，並不只是促成中共政經體制大變革而已，其最大的影響，是全面改變了大陸官民的思維和行為模式，等於是換了大陸人的腦袋，把原來的「政治頭腦」換成「經濟頭腦」甚至「發財頭腦」，這使大陸人逐漸淡忘「六四」、冷待政治，轉而熱烈追求金錢。

一九九二年，我的大陸經濟採訪生活非常多彩多姿，所見到的大官小官，人人也都在談論如何抓住機遇、如何進一步改革開放、如何挖掘商機；至於所見的中外大商民、小商民，更是放開心胸大談生意經。六四事件後沈悶近三年的局面，終於成為過去。

這一年的七月份，我所服務的工商時報和大陸中華工商時報，在北京聯合舉辦了一場規模盛大的兩岸經貿研討會，我是工商時報代表團成員之一。會議內容如今看已過時，但會期中的兩場拜會活動卻仍值得記錄。

統戰部副部長談經濟奇聞

之一，是工商時報代表團進入北京府右街中共中央統戰部訪問。出面接待的當時統戰部副部長蔣民寬（曾任四川省長），見面時專談大陸的經濟奇聞，甚少政治味道，弄得客人談興高昂，真是十足的統戰高手。

他說，四川有一家農民養豬專業戶，豬舍下全是漢白玉，但農民自己卻渾然不覺；有一天，來了個識貨的日本商人，私自驗明了貨色，再向農民開價買豬舍地板，農民以為是天上掉下來的福氣，慨然應允。結果，日本商人以低廉的成本，買走了值錢的漢白玉。

蔣民寬又說了另一個奇聞。他先問客人：「各位都知道老虎已被列為保育類動物，但大陸為什麼還出產虎骨酒？」我們以為他在講仿冒商品，但聽了答案才知道，青海省的沙漠裡有一種老鼠，骨頭成份和虎骨幾乎相同，廠商利用了這項資源，生產出「虎骨酒」。原來，人們喝的虎骨酒，本質是「鼠骨酒」啊！

蔣民寬講這些事，目的在告訴客人：大陸到處是寶物，歡迎大家來投資挖寶。這場輕鬆的談話，和當時大陸社會剛冒出頭的新一波經商熱，頗能相互呼應。

趙耀東去首都鋼鐵公司

另一場拜會，氣氛比較嚴肅，但卻意味深長。就是「鐵頭」趙耀東訪問北京首都鋼鐵公司。

趙耀東是應報社邀請去北京開會的貴賓，他去首都鋼鐵（首鋼）訪問的行程，我也陪同前往。一行人抵達位在石景山區的首鋼總部，先見到大門口矗立著「承包為本」四個大字的標語看板，再見到廠區內到處懸掛紅布條幅，上面寫著「沿著有中國特色的社會主義道路前進」、「堅持改革開放」等，擺明為鄧小平年初的「南巡講話」保駕護航。

我們在一片改革開放的氛圍中，深入廠區，進入首要的辦公樓，見到鼎鼎大名的首鋼董事長周冠五。

周冠五是一九八〇年代和九〇年代初期中國大陸改革開放的風雲人物，他因採用「承包制」振興了首鋼公司而聲名大噪。首鋼大門口打出的「承包為本」四個大字，顯在對外表彰承包制的優越性。

承包制與中鋼經驗過招

趙耀東和周冠五見了面，雙方熱烈交換辦鋼鐵廠的經驗，和從事「國企改革」的心得。周當然大力宣揚承包制，趙則興味盎然地秀出台灣的「中鋼經驗」。雙方共同語言多，會晤過程絕無冷場。不料，趙耀東隨後發出的總結性言論是：「國營企業死路一條！」這話讓現場氣氛凝結了幾秒鐘。但周冠五對這話並未完全否定，他列舉了大陸全力推動國企改革的政策思維，來回應趙耀東，雙方亦形成一些交集。

此處須附加一筆的是，趙鐵頭訪問首鋼後不久，大約一九九五年前後，首鋼的承包制出了大問題。由於承包人（周冠五）的權力過大，內部缺乏制衡與控管機制，因而出了重大的違反經濟紀律事件，驚動中共黨中央。周冠五因而黯然下台。這是後話。

話題回到一九九二年。那一年的經濟事件以喜劇居多，相關事例俯拾即是。

發了橫財的台商

那年夏天，我在廈門採訪到一位發了房地產橫財的台商。原先，他在一九八九年六四事件發生後，趁著大陸市場崩盤，以七十萬元人民幣的超低價格，買進「蓮花新村」裡一棟五層樓的「透天厝」。未料到一九九二年年初鄧小平南巡後，行情突告翻漲；那棟房子居然以四百萬元的高價賣出，足足賺了五、六倍。

大凡在六四事件後搶進，一九九二年脫手的房地產投資，很少不大賺一筆的。著名台商「康師傅方便麵」也是在這段時期內以逆勢操作手法，擴大投資，並且「賺到第一桶金」。

嚴格說來，一九九二年的大陸市場，與其說是「經商熱」，不如稱其為「金錢遊戲熱」，而其結果是房地產價格、股票行情、美元匯價連袂暴漲，連市面上的日用品價格也被哄抬而大幅走高。

那時大陸社會瘋狂流行「民間集資」，不少企業單位假借名義，私自向民間募集資金，投入房地產或股票投機。這些「地下投資公司」最常採用的吸資工具，一是債券，二是虛假的「科技新產品投資開發計劃」的股份權利憑證。主事者給出資人的利息高得嚇人，我曾經採訪到年息達四二％之案例。

官民集資大炒作

記得當時在大陸採訪過程中，常聽到當地人說，已把存款領出來，買了自己公司的債券，或者存到「愛人」的單位去了云云。而人們所說的公司、單位，什麼性質的都有，國營的、集體的、私營的，甚至還有公家非營利性的「事業單位」，等於是一場「官民聯手大集資」，情況之猖獗，非常不可思議。

全國的游資被地下投資公司集中起來炒房、炒股、炒匯。舉目所見，經濟熱只熱在這些投機性商品之上，正常的生產活動明顯被忽略了。

最荒唐的是，炒股熱居然衍生出「炒賣股票認購申請表」，還因此賠上幾條人命。「重災區」在廈門和深圳。

廈門市的案情，起因是一九九二年年中該市四十年來首度向社會公開發行企業股票，但只有四家公司發行，發行量根本無法滿足當地及四面八方湧來的股民。這四家公司先行發售認購申請表，股民依規定必須先填申請表，再憑申請表抽籤，抽中者方可取得股票購買權。但由於民間買氣太盛，四家公司的申請表格亦成狂熱搶購、炒作的對象。每組五張的申請表，公定價格人民幣二十五元，黑市居然炒到百元以上，至於十張連號的申請表（比較容易中籤），最高價則達千元以上。

為股票犧牲性命

廈門市發生的股票命案，起因即是為了炒賣「股票認購申請表」。這件命案的苦主，在廈門市一片股票狂熱中，自行湊了人民幣八萬多元，向市場上的販子吸購大量「股票認購申請表」，結果買到大批偽造的表格。當事人受騙鉅深，憤而自殺。

除此之外，深圳也在稍早前發生一件股票命案，起因是股民在排隊搶購股票認購申請表的隊伍中發生爭執，進而大動干戈，結果一人被打死。

一九九三年元旦過後，大陸上的「經商熱」和「投機熱」繼續延燒；這一年的上半年，我在大陸採訪的重點轉到金融界，並實地體會到大陸企業炒作外匯的強大動能和當局調節外匯市場的功力。

當時外滙黑市裡的美元行情漲得很厲害，並且破天荒地衝破一美元兌十元人民幣大關（即人民幣大貶），我還曾經採訪到一美元兌十一元的實際案例。市面上甚至傳言，美元還會進一步漲到十五元人民幣的價位，整個社會因而一片美元投機熱。

打壓囤積美元的企業

在官方價位方面，中國人民銀行的公定牌價一直堅守一美元對五點七元人民幣，但「外匯調劑中心」的「美元調劑價」經常受黑市牽引走高，最高時曾到一美元兌九元人民幣左右的高位，搞得中共當局非常緊張。

不過，針對這一波的人民幣貶值風潮，中共當局令人驚訝地並未採用行政命令直接制壓，而是動用金融市場調節手段。

究竟是什麼手段呢？當時我去上海金融界作了一次深度採訪，終於瞭解，原來中共當局採取了「抽取人民幣銀根，逼企業吐出美元」的手段；凡是囤積美元的企業，一經查獲，銀行即予以壓縮人民幣信貸額度，企業為了週轉，不得不向外匯調劑市場拋售手上囤積的外匯，市場上美元調劑價的漲風因此被壓制下來。

這套現代化的調節方法，是朱鎔基的傑作。朱鎔基於一九九二年自上海市市委書記職位被上調中央，擔任國務院常務副總理，金融是其分管工作之一。

一次重大的外匯改革

由於他的大力調節，一九九三年的美元調劑價大都維持在八元多人民幣的價位上，沒有進一步的大漲。

朱鎔基一不做二不休，到年底乾脆決定，自次年（一九九四年）元旦起，人民幣匯率官價（公定牌價）和調劑價「兩價併軌」，並於半年後取銷「外匯兌換券（外匯券）」，蔚成一次重大的外匯改革。

於是，在一九九四年元旦，人民幣官價匯率（五點七元兌一美元）向當時的調劑價（八點七元兌一美元）靠攏、合一。人民幣對美元匯率統一以八點七對一，展開它的新紀元，等於人民幣從五點七（兌一美元）一次貶至八點七。大陸的外銷能力大增，逐步成為出口大國。這是後話了。

朱鎔基在一九九三年幹出的另一件大事，重要性不在外匯改革之下，就是當年年中斷然實施「加強宏觀調控」，一棒打死了大陸房市、股市的投機熱。

宏觀調控使市場急凍

那次的宏觀調控，事前曾有若干「預警」性的措施，如實施信貸額度管制、收緊房地產貸款等，但人們因腦袋發熱，並未有警覺，直到朱鎔基一棒打下，想逃也來不及。在那之後，房市、股市急速冷卻，多少中外廠商慘被套牢。整個大陸內需市場進入長達六、七年的蕭條期。直到進入新世紀後，由於各地掀起大興土木的建設熱潮，內需市場才告復甦，但至二〇〇四年，又因「固定資產投資」過熱，中共再來了一次「加強宏觀調控」。

一九九二年的大熱，和一九九三年的大冷，說明大陸經濟有一種特殊的「大冷」、「大熱」反覆的規律，值得人們深入探索。

第五章

近看江澤民
掀起股份制革命

鄧小平因成功倡導出「社會主義市場經濟」，堪稱為「鄧市場」。後繼的江澤民，則因為帶動「股份制」風潮，也足以稱為「江股份」。一九九七年是江澤民大搞股份制的年頭，當時我在大陸對此作了近距離的觀察，並現場採訪了與此項決策密切相關的「中共十五大」。

股票本是資本主義的玩意兒，但在社會主義中國竟也擁有讓它生根發芽、枝繁葉茂的土壤，甚至在一九九〇年代後期股票成為中國國有資產的主要「載體」。這樣的發展，讓許多守舊的共產黨人跌破老花眼鏡。

股份制從「偏房」升至主流

為新中國的股票催生的是鄧小平，但讓股票在中國遍地開花的是江澤民，因此，個人決定給江澤民一個稱號，叫「江股份」，因為他把原屬「偏房」的企業股份制提升至主流地位。

江澤民拉抬股份制的臨門一腳，出現在一九九七年二月，即鄧小平過世（二月十九日）之前後。當時，江澤民接見美國美林集團董事長譚力，主動談到「我們要有貨幣、資本、資本金、資金率的觀念」。

休說此話平淡，它事實上是中共領導人首度突出「資本」的概念，為日後神州大地風起雲湧的「資本運營」，起了一個頭。此與一九九二年年初鄧小平南巡時之提出「市場」概念，先後呼應。

更精彩的還在後頭。

江澤民接見譚力後，與黨外人士座談，他又強調「要大膽地搞股份制，不能簡單地把股份制說成私有化。資本主義所有好東西我們都要學」。

作了理論的武裝

在那段期間，江澤民已經為股份制的發展作了理論的武裝，使它不違反共產主義原理。他的智囊團翻箱倒櫃，居然翻出恩格斯（馬克思的夥友）所講過的一段足以為股份制「漂白」的話，這段話成了當時江澤民用來說服各方接受股份制的有力工具。它出自恩格斯所寫的「一八九一年社會民主黨綱領草案批判」一文，詳載如下：

「據我所知，資本主義生產是一種社會形式，是一個經濟階段，而資本主義私人生產則是在這個階段內這樣或那樣表現出來的現象。但是究竟什麼是資本主義的私人生產呢？那是由單個企業家所經營的生產；可是這種生產已經愈來愈成為一種例外了。由股份公司經營的資本主義生產，已不再是私人生產，而是為許多結合在一起的人謀利的生產。如果我們以股份公司進而來看那支配著和壟斷著整個工業部門的托拉斯，那麼，那裡不僅私人生產停止了，而且無計劃性也沒有了。」

跳出「私有化」虞慮的怪圈

這段話之中，最關鍵部份是「由股份公司經營的資本主義生產，已不再是私人生產，而是為許多結合在一起的人謀利的生產」，因為，這幾句話與中共一向講究的「集體主義」有所聯繫，使股份制可以解釋成「一群股東結合起來的體制，不是歸屬於個別的私人，所以不是私有制，不違反中國特色社會主義原則」。

簡單說，在江澤民的「理論創新」之下，股份制已經跳脫出「私有化」虞慮的怪圈，登堂進入中共理論的聖殿，為股份制之在大陸遍地開花解開理論的羈絆。

股份制真的不是私有化嗎？針對這個有趣的問題，我曾經多次向大陸學術界精通政治經濟學的教授請教，但得不到明確的答案。印象中，有超過一半的受訪學者坦言未讀過恩格斯的這段話；而表示「這問題還需要再研究」的學者，也佔半數以上。

一版頭的大新聞

但不管怎麼說，江澤民在一九九七年上半年已決定大幹股份制了。那時我正好又去北京採訪，從中華全國工商聯相關人士拿到一份宣傳江澤民股份制思想的文件，一看就知此文件內容「非同小可」。

回台後，在當時服務的工商時報發了一則一版頭的大消息（一九九七年四月二十八日登出），其內容說到：

「在台灣股市一片熱火朝天之際，大陸股票市場亦正悄悄醞釀重大變革。據悉，中共中央目前正積極籌劃提出『資本社會化』的新路線，即從理論上認定，企業股權分散至廣大群眾手上，不被少數人壟斷，即不違反社會主義原則。此一新路線，將使股份制擺脫『妾身未明』處境，邁向穩健發展之路。有關的政策，將在今年下半年的中共「十五大」會上獲得定案並付諸實行。

中共國家主席、總書記江澤民今年（一九九七）稍早會見美國美林集團董事長譚力時明確表示：『我們要有貨幣、資本、資本金、資金率的概念。』這是中共中央領導人極為少見地在外人面前公開認同『資本』的概念，此訊息已被海內外熟知內情人士視為中共當局亟欲突破意識型態牽絆，發展資本市場及企業股份有限公司的重要訊息。」

「江澤民路線」的象徵

「果然，江澤民數日後在一項與黨外人士的座談會上又指出：『要大膽地搞股份制，不要簡單地把股份制說成私有化。資本主義所有好的東西我們都要學。』這段話已明確顯示，股份制即將成為『江澤民路線』的象徵。敏感的大陸財經界人士已據此預知，企業股份化即將一躍而為大陸經濟的主流。過去股份制在中共內部意見不統一，經常引發爭論，導致企業股份化落實過程曲曲折折，甚至經常牽累股票市場的情況，將成為過去。

為了支持新的『股份制路線』，中共中央有關研究部門近來不斷從馬克思主義典籍中找尋理論根據，俾切斷『股份制』和『私有化』的等同關係，使中共未來大搞企業股份化時，不致被指為『搞私有制』，仍能維持『社會主義公有制』的形象。根據大陸財經界得到的訊息顯示，江澤民的智囊們已為他找到一段話，即馬克思夥友恩格斯所說的：『究竟什麼是資本主義私人生產呢？那是由單個企業家所經營生產的，可是這種生產已經愈來愈成為一種例外了。由股份公司經營的資本主義生產，已不再是私人生產，而是為許多結合在一起的人牟利的生產。』據悉，江澤民對這段話頗為認同，他並已在內部會議中親自向高級幹部傳達。在下半年召開的『十五大』上，這將成為中共確立『股份制路線』的理論基礎。

大陸財經界人士預期，新確立的『股份制路線』，將成為中共改革國有企業的主力工具，也就是國有企業『股份化』將全面鋪開，藉以明確釐清國企產權關係，改善經營管理體制，挽救其經營頹勢。大陸資本市場將因此出現一個更大的發展，資本社會化已是一個大趨勢。」

兩岸三地股市同步高歌

除此之外，我還私下告訴友人，大陸股票市場行情將因此而出現一波上揚，投入滬深股市正是時候。

一九九七年年中的大陸股市行情果然紅得發紫，誠然是受「江股份」的影響，但還有一個原因也很重要，就是當時香港主權回歸在即，香港股市大熱特熱，行情衝上新高，連帶使台灣、大陸股市行情也同步上揚。那是令人印象深刻的「兩岸三地股市同步高歌」的畫面。

香港主權七一回歸的兩個月後，中共第十五次全國代表大會，即「十五大」，於九月十二日在北京人民大會堂召開，我代表工商時報，在現場採訪。

由江澤民一手主導的中共十五大，確立了股份制的主流地位，並使股份制進入「國有資產實現形式」的主體之內，也就是成為國有資產的主要載體。十五大文件說：

「公有制實現形式可以而且應當多樣化。一切反映社會化生產規律的經營方式和組織形式都可以大膽利用。要努力尋找能夠極大促進生產力發展的公有制實現形式。**股份制是現代企業的一種資本組織形式，有利於所有權和經營權的分離，有利於提高企業和資本的運作效率，資本主義可以用，社會主義也可以用。不能籠統地說股份制是公有還是私有，關鍵看控股權掌握在誰手中。**國家和集體控股，具有明顯的公有性，有利於擴大公有資本的支配範圍，增強公有制的主體作用。目前城鄉大量出現的多種多樣的股份合作制經濟，是改革中的新事物，要支持和引導，不斷總結經驗，使之逐步完善。勞動者的勞動聯合和勞動者的資本聯合為主的集體經濟，尤其要提倡和鼓勵。」

農村也搞「股份合作制」

十五大之後，中華大地掀起了「股份制」的熱潮，眾多的國有企業和集體企業紛紛改制為股份有限公司，其中有一部份企業，進一步爭取成為股票公開發行公司或股票上市公司。

而在農村地區也興起「股份合作制」，這種制度，是為那些具有合作社性質的農村集體企業而量身打造的。它的典型操作辦法，是農民拿出土地、農業器材，作價入股那些由鄉村政府主導成立的股份合作公司。

我曾經多方探索「股份制」和「股份合作制」的區別，得到的最明確答案是：「股份制一股一票，股份合作制一人一票」。換言之，股份制是資本主義那一套，持股越多發言權越大；股份合作制則仍有濃厚的社會主義色彩，講究人人齊頭平等，但也用了一點「股份制」的辦法，以股份的形式來結合農民的生產工具。

股份制也好，股份合作制也罷，這類事物在大陸之受到追捧，表示中共確已跳脫出傳統的理論窠臼，開始放手追逐經濟上的新價值。

也造成不少負面現象

但是，股份制在十五大被供上神桌之時，亞洲金融風暴已在蔓延之中，中國大陸的金融體系亦頻出險情。等於股份制正要綻放美麗的花朵，就碰上狂風暴雨。它的命運實在有些坎坷。

更讓人詬病的是，大陸企業界把搞股份制當成群眾運動來辦，眾多企業爭先恐後，不管條件夠不夠，通通要轉成股份制，這使得股份品質參差不齊，整體「含金量」備受質疑。

由於整個社會以狂熱態度推動股份制，圖謀不軌的企業主事者就有了上下其手的機會，即藉企業改為股份制之機，將公家資產據為己有，或虛增資產價值，詐取投資人的資金等。

至於「股份合作制」，也鬧出很多負面新聞，像某些鄉村集體企業負責人，強制農民職工入股，若有不從，即予以剝奪工作機會。這種事情，造成了鄉村地區的民怨。

嚴格說來，股份制（包括股份合作制）並非一無是處，它確實發揮了「進一步解放及發展生產力」的功效，只是，它來得太急太快，一時無法適應中共既有體制，以致副作用頗大。

這些年來，大陸股票市場行情低迷的時候多，騰飛的時候少，和大陸整體經濟持續成長的情況甚不對稱，顯然股份制或股票市場尚存在著很大的缺陷。

二〇〇二年十一月，中共十六大選出胡錦濤為新任中央總書記時，大陸股票市場正處在弊案頻傳、行情欲振乏力的情況中。胡錦濤如何整頓股市、優化股份制，是他任期內的一大課題。

〔附載〕

紐約證交所的中國因緣——從鄧小平到江澤民

原中共中央總書記、國家主席江澤民一九九七年十月訪美，於完成與當時美國總統柯林頓的會談後，十月三十一日上午為紐約證券交易所敲響開盤鐘，象徵這位社會主義國家領導人對資本主義採取親近和樂觀其成的態度。

事實上，中共領導人和紐約證券交易所的因緣際會，並非以江澤民首開其端。江澤民的前任（總書記）趙紫陽和紐約交易所的親近關係，就不在江澤民之下。本書作者一九八八年首訪紐約交易所，即見該所展示廳在重點位置揭示趙紫陽和紐約交易所負責人會晤歡談的多幀大相片。紐約交易所似在標榜他們自己把證券交易的觀念深植入共產中國，隱然有表功之意。

鄧小平有權自由進出紐約證交所

中共改革開放「總設計師」鄧小平和紐約證券交易所的互動，比趙紫陽、江澤民更有戲劇性。

一九八六年十一月十四日，紐約證交所董事長約翰・范諤林在大陸會見鄧小平，贈送鄧小平一枚貴賓證章，表示鄧小平可以憑著這枚證章自由進出紐約交易所的任何公共場所，而不必像一般人一樣，挨著華爾街邊，排隊進入隔離廳作像霧又像花般的遠眺。

鄧小平對紐約交易所的回贈也有深意，他送給這位董事長一張大陸四十年來首次公開發行的公司股票—上海飛樂股票。

這一幕轟動全球財經圈，奠定「中共有意發展證券市場」的形象。

長期以來，紐約證交所和中共的關係一直很密切。大陸第一支在紐約交易所掛牌的企業──中國華晨汽車早在一九九〇年代前期即在該交易所上市，而台灣第一家──台積電則在一九九七年才進入紐約證交所的交易盤子裡。

第十六章

與胡耀邦之子一席深談

中共前任總書記胡耀邦之子胡德平出任「全國工商聯副主席」之初，接受我的深度訪談，當時他即強調：「我們不搞重商主義，但該給民間的商人應有的地位。」這段話準確地表述了現階段中共對「商人」的觀點與定位。

中共前任總書記胡耀邦之子胡德平，於一九九三年從幕後走向台前，出任中國大陸最大的民間工商業組織—中華全國工商業聯合會（全國工商聯）的副主席。這是當時海內外工商界頗感興趣的人事話題。

不習慣以他父親為話題

那一年，在北京城，筆者和工商時報同事來到北河沿大街的「全國工商聯」大院。甫見到胡德平，我不禁驚訝地告訴他：「您的外表長得真像令尊！」這句話替代了寒暄。不過，胡德平顯然不太習慣以他的父親作為話題。在這次訪談中，若非一再追問，胡德平似乎只樂意談論「全國工商聯」新的工作布局。（圖二）

胡德平出任「全國工商聯」副主席之前，是擔任中共中央統戰部經濟聯絡局的局長，這工作雖屬幕後性質，但與海內外工商界時有往來，台灣企業界即有不少人和他交了朋友，當然，這種交往經常是不拋頭露面的。

當年五十歲左右的胡德平，祖籍是湖南瀏陽，不過，那次訪談時，他以幾分自豪的口吻告訴我們：「我出生在延安。」一如同許多中共老一輩領導人的孩子一樣，他也是在抗日戰爭的砲火下，喝著「延河」的水長大。

一九六〇年代，胡德平畢業於北京大學歷史系。在他的工作生涯中，有一段是與歷史直接相關的，那就是一九七三年被分派到北京天安門之側的歷史博物館工作。除此之外，比較為人熟知的經歷，是在中共中央統戰部；自一九八六年起，胡德平先擔任該部辦公室秘書長，接著出任經濟聯絡局局長。

截至那時為止，胡德平與經濟工作的淵源並不是很深。統戰部經濟聯絡局局長之外，只是文革時期曾在河北懷來縣的軍隊農場插過隊，以及一九七一年起在北京一家機械廠幹過一段短時間。

提起恩格斯在馬克思墓前的演講

也許因為這層關係，胡德平講不出什麼「商場大計」或「經營策略」。他的經濟思想，是一種理想化的、廣泛性的思維邏輯，而且，主要得之於其父胡耀邦的啟迪。

「文革時期，父親幾次要我讀恩格斯在馬克思墓前的演講。」胡德平說，這篇講詞的中心思想是：「人們必需要解決衣食住行，才能進行上層建築活動。」所謂上層建築，是指政治、法律、社會、文化等建構。

在胡德平口中，胡耀邦的經濟思想是以「滿足人民生活基本需要」為主軸；胡德平憶起，胡耀邦生前視察煤礦，最關心的是煤礦工人「能不能娶到媳婦」。胡耀邦「樸素的無產階級感情」顯然受到他的後代全力維護著。胡德平還告訴我說，胡耀邦一九八九年四月十五日逝世後，葬在江西共青城，大陸民間有一首歌詠共青城的詩，其中有兩句「我敬重這樣的老人，穿著草鞋靜靜走進我心中」。胡德平認為，這是對乃父最大的慰藉。

基於這樣的成長背景，胡德平出任商業氣息越來越濃厚的「全國工商聯」的副主席，他如何扮好這個角色呢？

「全國工商聯」的性質

為了解答上述問題，人們有必要對「全國工商聯」的性質作一番了解。

成立於一九五三年十月的「全國工商聯」，原本是中共領導下的「民族資本家」的結合體，它的成員主體，是那些經歷一九四九年中國政局劇變，留在大陸，且對中共政策表示支持的老資本家，在一九六六年「文革」爆發之前，這些老資本家仍能在有限的範圍內與聞經營活動。文革一來，為了「割掉資本主義的尾巴」，老資本家幾乎全部被打成黑五類，全國工商聯的活動當然全部停止。

直到一九七八年中共「十一屆三中全會」決定推動改革開放之後，全國工商聯始告復甦。而且，現階段改革開放政策催生了新興的個體工商戶、私營企業，造就了蓬勃的鄉鎮企業，並且，引進了遍地開花的三資企業；這些新發展，為全國工商聯添加了新的生命力。換句話說，全國工商聯的組成份子，已從以往的「民族資本家」擴大到所有因現階段改革開放而衍生出來的「非公有制經濟體」。

隨著個體、私營、鄉鎮、三資各種企業隊伍的不斷壯大，全國工商聯的會員數亦持續膨脹，目前已蔚成大陸規模最大，也最具有代表性的「非公有制經濟體」的集結組織。

加掛「中國民間商會」招牌

一九九二年十月，全國工商聯舉行第七屆全國代表大會，全面改選領導班子。原任主席榮毅仁卸職，專任國家副主席。續任全國工商聯主席的，是與榮毅仁具有同樣「民間企業家」色彩的經叔平。除此之外，新選出的二十位副主席之中，有一位是來自四川的私營企業家劉永好；這是私營企業者第一次晉身至如此高位，被認為是一項政治指標—顯示中共當局確有意允許非公有制經濟在他們認為合理的範圍內發展。這次全國代表大會同時決定，為全國工商聯加掛一塊「中國民間商會」的招牌，使其發揮民間行業公會自我協調、自我規範的功能。

不過，全國工商聯這次蛻變的同時，中共中央當局亦相應加強了與它之間的聯繫關係。胡德平以中共中央統戰部經濟聯絡局局長的身份，出任全國工商聯副主席之一，即是一個例証。而更引人注意的是，胡德平在中共黨內的上級領導—中央統戰部副部長蔣民寬，也同時出任全國工商聯副主席，並且是首席副主席。

胡德平和他的上級蔣民寬到全國工商聯來擔任副主席，當然不是來和私營企業老闆做生意，或來指導他們怎麼賺錢的。顯然，作為一個統戰部出身的人，他們在全國工商聯裡扮演的「橋樑」角色大大地壓過了商業上的意義。

全國政協的一個組成部份

胡德平說，全國工商聯作為一個人民團體，作為「全國政協」的一個組成部份，必需與政府發生聯繫，並參與國家政治生活。胡德平的言下之意，是全國工商聯雖是一個民間商會，但也是大陸整體政治運作的一環，而胡德平他們的功能，顯然在於居間起承轉合，使全國工商聯和黨政機關之間維持協調的互動關係。

除此之外，向中共中央當局反映全國工商聯會員的經營問題，並協助尋求解決之道，也是胡德平等人扮演的「橋樑」角色的一部份。

他提到當時正在積極協助會員解決多項經營問題，諸如：非公有制企業在大中城市如何徵用土地，以便在大中城市享有生存空間；還有，非公有制企業的貸款一向困難不少，應如何採取有效措施，從根本解決問題等等。

另據胡德平當時指出，中共中央當局已正式授權全國工商聯，對於非公有制工商經營者因商務活動申請私人護照之案件，進行初審，再開出證明報公安部門核准。這就是大陸流傳「個體戶出國要報工商聯審批」講法的由來。全國工商聯既已有權審查部份人民的出國案件，表示它在某種程度上擁有了政府職能，也具有幾分政府機關的架式，這是全國工商聯成立數十年以來，政治行情最高的時候。

此外，全國工商聯最近還被中共中央當局指定為非公有制企業人員「職稱」的初審機關。此等企業人員若欲取得「工程師」、「經濟師」、「研究員」等名號，第一關必須先通過工商聯，然後再由工商聯提報各地人事廳局的評定委員會正式批准。

公有與非公有並行發展

一九九三年年初，大陸全國稅務總局再給全國工商聯一項優惠，就是工商聯的企業會員，得將所繳會費自所得額中扣除後再以餘數作繳稅基礎。工商聯的會費成了繳稅的扣除額，所以胡德平以相當欣喜的口氣說，今後全國工商聯招攬會員的號召力可大了。

全國工商聯的聲望近來確實頗有抬升，與此相呼應的，則是大陸非公有經濟，歷經多年波折後，終於擁有了一條比較穩健的發展道路。

胡德平當時已認為，此後將是公有制經濟與非公有制經濟並行發展的時代，且這兩種經濟亦可混合經營，形成「你中有我，我中有你」的樣態，但他也主張，無論如何，公有制經濟在整體經濟運作中仍應佔有上游地位、基礎地位和主導地位。

他以持平態度引述全國工商聯老副主席、前四川「豬鬃大王」古耕虞的話說：「我們不搞重商主義，但該給民間商人應有的地位！」

第七章

實地採訪胡耀邦安葬處江西共青城

一九八九年四月十五日，胡耀邦逝世，他的骨灰沒放進北京八寶山，而被千里迢迢地送到江西共青城，安葬在鄱陽湖畔的一座小山丘上。我曾經實地採訪共青城，也去看了胡耀邦的墓園。

二〇〇二年十一月，胡錦濤接任中共中央總書記，其出身「共青團」的背景，引起海內外熱烈探索這個中共黨內次級團體。共青團是「共產主義青年團」的簡稱。說到這個團體，我聯想到老一代的共青團領導人，後來當到中共中央總書記的胡耀邦，以及胡耀邦去世後的安葬處—江西共青城。（圖九）共青城是我所實地採訪過的一個非常具有「政治經濟」特色的地方。

「鴨鴨牌」名氣大過共青城

共青城這個地名，很容易讓人想起「共青團—共產主義青年團」。沒錯！共青城經濟事業的發跡，和胡耀邦、共青團的支持有密不可分的關係。

一九九五年，我到共青城作了一次實地採訪，試圖從經濟角度去探索共青城。而吸引我前來的因素之一，是中共原任國務院台辦主任王兆國前一年來此實地考察，確定將共青城列為「國家級台商投資區」的預定地，尚待中共國務院作最後一道審批手續。共青團、胡耀邦、共青城，居然和「台商投資區」的概念作了跨時空的結合。

其實，共青城這個地名，在台商心目中並非熟悉，至於大陸人，能搞清楚它方位的，也非多數。但提起共青城名產「鴨鴨牌羽絨衣」，大江南北知道的人就多了。這是大陸市場上的名牌產品。一九八九年蘇聯領導人戈巴契夫訪問大陸時，中共當局送給戈氏夫婦的禮品中，就有這號產品。

走在江西城鄉通道上，經常可以看到「鴨鴨牌」的大廣告看板。「中國的鴨鴨，世界的朋友」是最常用的廣告詞。「鴨鴨牌」儼然江西進軍世界市場的「拳頭商品」。

當年上海青年下鄉墾荒的成果

作為鴨鴨羽絨衣生產基地的共青城，位在江西省會南昌市到贛北大城九江市中途的鄱陽湖畔。走下「昌九高速公路（南昌—九江）」，進入共青城大門，第一眼是滿眼黃艷艷的油菜花，第二眼就看到「鴨」的線索了—水塘、鴨群、鴨舍，在此地景觀中佔了重要的部份。進城之後，以鴨毛原料為基礎發展出來的鴨鴨羽絨衣生產車間、工人宿舍區、成品銷售點、廣告牌到處可見。共青城實在是「一條龍模式」的「鴨的事業」。

依傍中國最大淡水湖鄱陽湖的共青城，當初是從養殖、種植的第一產業發跡起來的。一九五五年，有九十八名上海青年要求下鄉墾荒，經共青團等單位安排來到這兒，從一九五七年開始建場，初期以養鴨、種地為主要經濟活勸，當時共青團中央書記胡耀邦將其命名為「共青社」。一九七八年，胡耀邦為此地題寫新名「共青墾殖場」，一九八四年胡耀邦來此地視察，再度題寫「共青城」。

從共青社、共青墾殖場到共青城，代表此地經濟規模逐步擴大、生產層次逐步提高、經營種類逐步多元化的過程。現今的共青城，面積一百四十平方公里，人口逾十萬，產業種類已涵蓋第一、第二、第三產業，紡織、食品、機械是近年新興的業種。但共青城管理當局並非如一般城市的「市委」、「市政府」，而是「共青墾殖場」的組織，它是此地政治、經濟、社會各方面事務的總管。

彷彿台灣中南部小集鎮

而根據我的現場感受，共青城確實還存有濃厚的「墾殖場」風格，城區不大，且農地和工業廠房、居民住宅樓間雜在一起，彷彿台灣中南部農業地帶的小集鎮。我在這裡過夜，至夜半時分，充分感受大地的寧靜，且隱約聞得到草根氣息。

不過，以「自力更生，拚搏進取」自許的共青人，那時已經定了下一階段的發展大計，總的目標是建成「共青市」，使它成為現代化的工商城市。他們已請城鄉設計院搞城市建設規劃，其中最大的手筆，是準備在鐵路車站到城區之間，搞一條長五公里，寬一百零八米的商業大道。

講到鐵路，共青城的人不禁眼睛一亮，「京九大鐵路」經過這裡。通過鐵路，貨物往南可以直接拉到香港九龍，往北則可送到長江邊的九江港裝船（這段路目前已有高速公路）。他們認為，交通條件的改善，是共青城難得一遇的脫胎換骨機會。

「台商投資區」即在此一條件下著手規劃。共青城未來的主力工業，將是紡織、成衣、印染、包裝、運銷「配套成龍」的「穿的工業」。除此之外，將利用鄱陽湖及湖畔地帶的農產、水產、禽畜產資源，發展食品深加工。至於化工、機電、醫院用化工，也是他們準備重點發展的項目。

江澤民和胡錦濤都來過了

總的來看，共青城發展的憑藉，包括交通、區位優勢，以及工業原料資源優勢（江西是糧棉大省）等。但最令別地方羨慕的是，共青城受到中共中央領導人直接關注特別多，很容易得到「政策傾斜」。

除了胡耀邦以往曾長期垂愛這個地方之外，近幾年，江澤民、胡錦濤、喬石、李瑞環、朱鎔基、王兆國都來過了。

毋怪乎，人口區區十萬的共青城，居然擁有省級的外商投資審批權（最高可批三千萬美元的項目），且在當地政府班子裡，稅務、金融、公檢法（公安、檢察、法院）俱全，當地領導人之一劉德夫說：「實際上我們是計畫單列」。

長期以來，共青城挾著傲視群倫的「政策優勢」，發展的思路與手法都比較大膽。據側面了解，共青城是最敢借錢投資的農墾基地。由於銀行系統的垂愛，他們得以充分利用不長的三十幾年期間，在鄱陽湖畔的曠野建起一座規模初具、農工商並舉的城鎮，並向「共青市」邁進。當年他們曾經挑戰一個目標，是成為「國家級台商投資區」。但是，憑藉精神意志披荊斬棘的「農墾基地」，和講究將本求利、在商言商的「台商投資區」，兩個概念間是有顯著差異。如何調整「軟環境」，使共青城既能延續傳統的拓荒精神，又能對台商發生強大訴求力，是共青城人民的重大課題。

應澈底迎向市場經濟大潮

不過，近年來，共青城在中華大地上的「能見度」並未持續升高，直到二〇〇五年十一月中共中央正式紀念胡耀邦時，共青城的地名才再度受到海內外的注意。另方面，「鴨鴨牌」誠然還是成衣市場上的著名品牌，然大陸當紅的是知識經濟、高科技產業，而共青城在這些新秀領域並沒有作出足以傳頌的創作，甚至，整個大陸農業艱困的形勢，也在困擾著這個以農墾為基礎的生產基地。

幸由於胡耀邦就葬在共青城，他的聲望會支撐共青城的知名度於不墜。共青人應把握時機，及早揚棄「依靠政策傾斜」的思維，加緊提升及優化生產結構，澈底迎向市場經濟大潮，開創事業的第二春。

第八章

考察中共改革開放發源地四川廣漢

一九八〇年，四川廣漢的「向陽人民公社」率先全大陸，摘掉人民公社的牌子，改為「向陽鎮人民政府」。廣漢堪稱為中共改革開放的發源地，我去採訪時，才知那兒就是著名文化遺產「三星堆」的所在地。

四川省省會成都市附近有一個名叫「廣漢」的地方，那裡有聞名中外的「三星堆」三國文化古蹟，也座落著大陸主要的「民航學院」，專門培訓民航機駕駛員。但廣漢註定會在中共黨史上留下輝煌一頁的原因並不是這些，而是它因緣際會成為中共現階段經濟改革的發源地，也是全大陸第一個摘掉人民公社牌子的地方。

與安徽鳳陽齊名

迄今我一共去過兩次廣漢，分別在一九九四年和二〇〇三年。第一次去時，迫不及待採訪當年經濟改革的故事，竟割捨了遊覽名勝古跡的機會。直到第二次去時，才進入「三星堆博物館」，細細品味了三國古文明。

這裡不講三國故事，而是要對「廣漢改革」深入追根究底一番。

要吃糧，找紫陽；要吃米，找萬里。

一九七〇年代末期，趙紫陽和萬里分別在四川廣漢和安徽鳳陽率先全國，展開農村經濟改革，一舉打破人民公社大鍋飯，調動了農民的生產積極性，短時間內就寫下豐產紀錄，因而留下上述幾句流傳民間的口頭禪。

四川廣漢和安徽鳳陽一樣，都是中國大陸現階段農村經濟改革，甚至是整個改革開放政策的發源地，也是研究大陸經濟的人最有興趣親履斯土一探究竟的地方。

趙紫陽曾經回來過

位在川西平原膏腴之地的廣漢市（縣級市），距離成都市區只有三十幾公里，稱得上是四川省會的衛星城。

一九九四年五月底，首度來到這裡採訪時，當地官員告訴我們說，趙紫陽四月間才回來過。作為一個普通的共產黨員，不再擁有任何黨政實權的趙紫陽，回到廣漢當然稱不上是「巡視」或「視察」，說他是來「散散心的」並不為過。據當地官員說，趙紫陽沒作什麼「指示」，但他看了廣漢當今的面貌，「非常的感慨」；我問：「感慨什麼呢？」對方回答：「感慨這麼多年以後，廣漢又有了很大的發展，面貌上和以前都不一樣了。」

趙紫陽的名字和四川廣漢是連在一起的，而當地人對他以往在四川的作為，仍抱著相當肯定的評價。當時的中共廣漢市市委書記張壽昌並不顧忌我們是「外人」，坦率地表白：「我們對一個人的評價必需分開來看。趙紫陽是曾經做錯了一些事，但他以前對四川的貢獻也是不容否認的。」不過，張壽昌告訴我們說，趙紫陽回來的時候，他剛好到別的地方開會，沒有參加接待工作。

打破平均主義與政治掛帥

說到趙紫陽對四川的貢獻，必需回溯到經濟改革前的一九七七、一九七八年間。當時，趙紫陽正擔任中共四川省省委書記。在他的支持下，廣漢悄悄地大幅度調整了極左的「農業學大寨」路線，把農村生產體制從以往「三級所有，隊為基礎」的集體大鍋飯模式分化為「分組作業、定產定工、超產獎勵」的小團隊生產責任制。生產績效核算單位從大團隊分割為十來人的小組之後，以往大集體的怠惰之風受到有力的糾正。

更具關鍵性的是，新體制打消了過去完全抹煞個人績效的「平均主義」與「政治掛帥」，勇敢地採取物質刺激的「超產獎勵」，允許超過生產責任指標的小組成員，把超產部份納進「私人」的囊中。這種模式，和毛式人民公社所講究的「一大二公」，是相當尖銳的對立。眾所週知，當時毛澤東死去不久，全大陸尚籠罩在左傾思想的禁錮中，廣漢的所作所為，在政治上是一步危機重重的險棋。

家庭聯產承包責任制的前奏

幸好，差不多在同時，胡耀邦發動的「實踐是檢驗真理的唯一標準」思想解放運動獲得成功，緊接著，一九七八年年底中共召開十一屆三中全會，決定全面展開經濟改革開放，不久，「家庭聯產承包責任制」即逐步覆蓋整個大陸農村地帶，成為農業生產體制的主流。而且，現在中國大陸農村生產的核算單位已細分到「家庭」，比當初廣漢所採取的「分組」制度更進了一步，但誰也不能抹煞，廣漢（和安徽鳳陽）是今日中國大陸農村新面貌的發源地。

事實上，趙紫陽並非「廣漢模式」的發明人，他的功勞在於，以四川省最高領導人的政抬地位，為農民自發性的生產體制改革運動擔當起政治責任，使新體制得以在四川省境內暗中滋長，免因政治衝擊而夭折。

趙紫陽扮演的是「保護傘」的角色，而「廣漢模式」的真正開創者，是當時廣漢縣（今已改為廣漢市）西高人民公社某一個生產隊（相當於一個自然村）的農民。

一九七七年，他們為挽救極左人民公社「一大二公」體制所帶來的「一大二空」貧窮局面，暗中把田地分給了小組，幹起了分組責任制，短時間即帶動了農業生產，並創造了溫飽有餘的生活水平。

偷吃了「分田」的禁果

剛開始時，這個生產隊是偷偷地幹，很怕消息外洩，但是，紙包不住火，沒多久就讓當時的中共廣漢縣委書記發現了。縣委書記一次下鄉調查行程中，在這個生產隊上訝然看見一幅與當時大陸農村截然不同的景象，有一本書這樣記載著：「他眼前不由一亮，田裡的麥苗墨綠茁壯，油菜青枝綠葉，田埂修整得乾乾淨淨，兩邊有一排排窩窩，想來是豆子。社員不是幾十個人一塊田，而是三、五個人一塊田，雖然顯得零星，但一看就知道做活路鼓勁。」

書記趕快找到生產隊長問究竟，隊長先是緊張、欲言又止，開明的書記對他掏心眼：「現在打倒四人幫了，要發展生產。我下來是要找一個發展生產的好辦法。你大膽地講，講錯了算我的！」隊長才吞吞吐吐地抖出真相。原來，生產隊偷吃了「分田」的禁果，把隊上土地分成三塊，把隊員也分成了三組，一個組只有十來個人，負責耕種一塊土地。每個組都定了任務，超過任務的產量是組裡的，短了產組裡少分糧。三個組比著幹，都千方百計提高產量，因而隊裡連連增產，社員幹勁十足。

把生產隊改為小團隊

毛澤東在位時，中共講人民公社是越大越好，越公越好，還一廂情願地設計了一條這樣的道路：「生產隊向大隊過渡，大隊向公社過渡，公社向全民過渡」，意圖把全大陸改造成一個十億人吃一個超級大鍋飯的「中華人民公社」，結果造成大陸城鄉一窮二白。四川廣漢的這個生產隊則是反其道而行，把生產隊過渡到組，把責任下放到十來個人的小團隊，如果再進一步，就是過渡到家庭和個人了。這方法果然一抓就靈，農產產量立刻相應抬高。

縣委書記暗自叫好，回去縣裡，趕緊層層上報。省委書記趙紫陽高度重視這件事，召集領導班子詳細研究了來自廣漢縣的報告，之後，又趕到西高公社那個生產隊親自查看。領略到改革的巨大威力之後，趙紫陽當場興奮地拍板：「我支持你們搞試點！」

省委書記一表態，新體制就在廣漢縣裡蔓延開來。最先延伸到擁有二萬多畝地、二萬多人口的「金魚公社」，接下來，廣漢縣勇敢打出了在文革時期備受批判的「承包制」字眼，並進一步把分組責任制過渡到「家庭聯產承包生產責任制」，也就是把土地再進一步細分到家庭，責任也進一步下放到家庭。到了一九七九年，廣漢縣全縣已普遍建立家庭聯產承包責任制。而此時，中共十一屆三中全會剛剛開過，全大陸正要開始全面推動家庭聯產承包責任制。廣漢「敢為天下先」的歷史地位於焉確立。

向陽鎮先摘掉人民公社牌子

一九八〇年，廣漢縣又出了一件石破天驚的大事。就是縣內的向陽人民公社領先全大陸，第一個摘掉了人民公社的牌子，改為「向陽鎮人民政府」。這是文革以後，全大陸第一個掛出鄉鎮人民政府牌子的地方。向陽鎮因為這件事而名揚全大睦，也一度成為國際媒體報導的焦點。

我們去向陽鎮採訪時，看到的是一幅宛如台灣嘉南平原農業地帶的小鎮風光，屋舍儼然，間雜著工廠的生產車間。鎮中心地帶，酒吧、餐室、卡拉OK成排，因時近黃昏，人們三、五成群在河邊納涼談天，引起我們注意的是，此地人民對外人的突然造訪，一點也不驚異，顯然近年來此地已成外地客人造訪的熱點，他們對於一來就猛拍照、找人問話的客人已不覺稀奇。鎮政府蓋得美輪美奐，頗為上鏡頭。

廣漢縣官員告訴我們說，從人民公社改成鄉鎮人民政府，最大的變革是取消掉「政社合一」、「書記一把抓」的權責不清體制，使黨、政各有所司，至於事關重大的經濟事務，則新成立了工業公司、農業公司、商業公司來負責。彼此分工協調，既有益於人才的發揮專長，也大大地發展了生產力。

田紀雲推動財政包乾制

除了率先取消人民公社之外，廣漢縣還創造了許多第一，例如，早在一九八〇年左右，即在當時四川省財政廳長田紀雲的支持下，率先打破統收統支的財政大鍋飯，改採「縣財政包乾」責任制，調動了縣政府的創收積極性，使縣當局在完成上繳任務後，可以留下餘裕資金投入當地使用。

還有糧食收購、農副產品收購，也都陸續採取類似的包乾制，即在完成上繳任務後，餘下部份可自行販運，隨行就市，增加收益，這又促進了農產品的生產積極性。當時廣漢縣政策研究室主任蕭鷗女士向我們介紹到這裡時，從成都陪我們到該地的四川省府官員插話說：「是啊！廣漢因此成為四川第一個取銷糧票的地方。當時，我們住在成都的人都有些不平，心想，憑什麼你們不用糧票，而我們還需要它呢？」這位官員強調，講體制改革，廣漢是走在成都的前面。

一向被視為農業生產基地的廣漢，屬於都江堰灌區，至今仍為大米、豬肉、青菜的重要產地。近年來突破「以糧為綱」的老教條之後，農產品品種明顯趨向多元化，像油菜之類的經濟作物即受到大力推廣。

鄉鎮企業及私營企業發達

工業方面，廣漢沒有天然資源，也缺乏國營大工業基礎，近年來全憑政策的靈活，大搞鄉鎮企業以及私營企業，目前這兩種企業的產值已佔到該縣總產值的一半以上，是四川省「非國有工業」較發達的地區，可以稱得上是「四川的蘇南」。當時的市委書記張壽昌談到這方面，表現得興緻勃勃，他說，今後廣漢決心在保住現有糧食產量水平的大前提下，全力加快農村工業化，並且促使這個面積五百三十八平方公里、當時人口五十五萬人的廣漢市達成農村城市化的目標。

為了讓經濟更上一層樓，對外開放是非常必要的，廣漢已和日本山梨縣結為姊妹盟，證明這個位處川西的縣級市是有擁抱世界的高度興趣。

更重要的是吸收外商投資。張壽昌強調，廣漢投資成本低廉，當時電費每度人民幣三角多，遠低於蘇南的一元多；工業用熟地每畝人民幣十餘萬元。區位優勢方面，這裡離成都近，又有寶成鐵路經過，另外，轄區裡有民航飛行學院與機場，可以改造為成都第二機場（目前成都民航機場在雙流縣）。

改革開放效應無處不在

張壽昌當時說，全市有一百三十家外資企業。其中，台資企業有十七家，投資總額約六千萬美元。詢以台資來此地投資那些項目較有前途，張壽昌不加思索回答說，印染、紡織、食品、建材。不過，據了解，當時在廣漢的台商，有不少是經營娛樂、餐飲業，工業領域的台商投資尚待大力拓展。

我們去訪問張壽昌的那一天，原來約好下午三點鐘，不料，張壽昌臨時被農民找出去解決水的紛爭，他在外面不斷打電話回來要我們等，一直等到傍晚時分，才見到他一身大汗回來。

那一年的川西平原，老天不作美，遇上了多年不見的旱象，岷江水量比上一年少了百分之四十，導致各地灌溉不足，問題相當突出。張壽昌一見到我們就說：「農民為了搶水而鬧矛盾，這種事在我們這兒是頭等大事，我不能不親自出面解決。」

這也是改革的結果之一。要是在以前吃人民公社大鍋飯的時代，又有哪家農民爭水？又有多少人管天下不下雨？改革開放的效應真是無處不在，無時不在啊！

第九章

看見「工業學大慶」的滄桑

東北黑龍江石油城大慶市，在文革時期是「工業學大慶」典型的所在地，當時所發揚的精神是「抓革命，促生產」與「艱苦樸素」。改革開放後，大慶發展路線澈底轉軌，全力追求財富，在某種程度上表現了「財大氣粗」的一面。筆者曾去那兒採訪，見識了大慶轉變的內涵。

「工業學大慶，農業學大寨」，這是大陸文革時期人們朗朗上口的一組流行語．其中的「大慶」，指黑龍江省的大慶市，那兒是中共建國十年以後才發展起來的石油城，具有相當深刻的社會主義政治經濟意義。

不再「以原油為綱」

一九九四年夏天，我到達大慶市作實地採訪時，中共改革開放政策已經推行了十六年，現場所見，和書本上所讀到的傳統大慶模式已大不相同。首先，此地已不再「以原油為綱」，而是全方位發展農工商；其次是，城市建設頗多大手筆之作，不再「艱苦樸素」；還有，當地也正大力吸收內外資，而地方官員對台商的興趣之高，令我印象深刻。

大慶市位在黑龍江省會哈爾濱的西北方，相距約一百五十公里。從哈爾濱到大慶市，一條筆直的「哈大汽車專用公路（準高速公路）」直接連通，車行僅需一個多小時。而公路兩旁景觀，帶給南方來客相當大的驚奇。出哈爾濱市區，先是一望無際的玉米田、高粱田。過肇東市後不久，一馬平川的大草原迎面而來，草原上放牧的牛群、羊群、馬群歷歷在目。到了大慶市附近，出現的是連片沼澤地和蘆葦，因時值盛夏，整個畫面都是翠綠。暑天的大慶市，是被包圍在一片綠色的海洋之中。

大慶市市區，因是隨著油田開發而逐步建起來的新城市，且產油區面積廣達二千平方公里（整個市區則達五千平方公里），所以，大慶市區屋舍較新，且布局相當分散，走上數十公里還在市區裡打轉。

「磕頭機」四處可見

這座石油城裡，油井處處是，賓館花園裡、辦公樓後院、學校教室邊、住家大門口，冷不防就會碰上一座或數座油井。最常見的抽油機械，是一種不斷點頭的「磕頭機」，這幾乎稱得上是大慶市的商標。

出大慶市區，往西或西北方向走，是更大的草原和沼澤。這一帶有「杜爾伯特蒙古族自治縣」，是蒙古族人的活動地盤。也是體會「蒙古牧歌」風情的好地方。更遠一點，就是距離大慶市區約二百公里的另一個工業重鎮齊齊哈爾。齊齊哈爾出產一種珍貴的「丹頂鶴」，因而有「鶴城」的美稱。過了齊齊哈爾，已到內蒙古自治區轄下大興安嶺地界。大興安嶺是巨大的林區，林產、山產無數，人盡皆知。

談起王永慶的故事

那時的中共大慶市市委副書記李長玲女士，是此行在大慶市見到的第一個市領導。她一見面就說，大慶市有不少人熟悉王永慶，不但經常注意他的一舉一動，也對他事業上的成就深感佩服。李長玲說：「我印象最深刻的是，王永慶年輕時候賣米，賣到把每個客戶家裡的消費量掌握得一清二楚，哪家的米快吃光了，他就適時主動送過去。做生意能做到這種程度，難怪他的事業會做這麼大。」

李長玲顯然詳細讀過王永慶的傳記。她和大慶市領導班子其他成員的心情一樣，不但想從王永慶的故事中，學習到創建現代化石油化工上、中、下游完備體系的奧祕，更盼望這位台灣石化工業大王能和大慶市結合，共同開創大慶的「第二春」。

距離台北約有三千公里之遙的大慶市，是台灣老地理課本上找不到的地名。如果有關石油的事情沒有發生，這裡到目前為止，肯定還只是一片「天蒼蒼、野茫茫、風吹草低見牛羊」的滿、蒙族放牧之地，也就是人們口頭上常掛著的「北大荒」。

中共建國十週年的獻禮

一九五〇年代末期，中共技術人員在這裡探勘到石油蘊藏，因時值中共建國十週年，此地被命名為「大慶」，成為「人民共和國」十歲的生日禮物。地名是帶有十足政治性的，經濟上也令中共頗有自豪感。我去採訪時的大慶市台辦主任羅騰芳說：「當年日本人佔領東北末期曾下了一個結論—『中國東北沒有石油』。如今，我們把這句話否定了。」需求天然資源孔急的日本人，和大慶油田有過傳奇式的「失之交臂」；據大慶人引述，日本人佔領東北期間，曾在這裡鑽過探勘井，沒想到他們鑽到八百米就放棄了。「好險！大慶石油藏在地底下一千米，只差兩百米就被他們弄到了。」

原封保留給中國人的大慶油田，從一九六〇年左右開始量產，最初每年原油產量只有幾十萬噸，但統計數字像火焰烘燒的水銀柱一樣，一年接一年快速上衝。一九七六年，到達五千萬噸大關，從此每年都站穩五千餘萬噸的高峰。

石油開採成本與日俱增

不過，自然規律正在嚴峻考驗著大慶的石油人。從出油以來到今天，大慶地底下被抽出的原油累計已接近二十億噸，而全世界累計產油超過十億噸的特大油田只有十幾個。地球上任何一個油田，經過長年的大量抽取，終會走向枯竭。現今的大慶油田，儘管年產量仍能勉力維持在五千萬噸上下，但自噴井越來越少，油井灌水加壓的水量越來越大，部份油層已被灌水灌得幾乎成了地下水層。據統計，目前大慶抽出來的原油，平均含水量已達百分之八十。石油開採成本與日俱增。

當時的大慶市市長錢棣華會見時，我提出了大慶石油枯竭問題，他以大嗓門回答說：「不用擔心大慶油田枯竭，我們這一代不用擔心，下一代也不用擔心！」錢棣華憑藉什麼？「現代科技有的是辦法。」他如數家珍地介紹說，現代化的電子計算機，精密分析人工地震探測波，可以找出更多的油藏；還有，老油井運用精準的「地底射孔槍」，在吸油管上射出更多吸油孔，增加了吸油範圍，把分散各個油層的原油蘊藏不加保留地吸出來。

要建立多元化產業體系

錢棣華強調，現代科技的進步，大大地延長了老油田的生命，「像甘肅的玉門油田，開採這麼多年了，現在產量還在增加，掌握到的蘊藏量也越來越大，這都是因為科技起了關鍵性的作用。」他說，誠然任何一個油田最終總有枯竭的一天，但過程可以拉得很長，且過程中產量也會有高低起伏，不可能直線下墜。

但作為大慶市的領導人，「未雨綢繆」的思想與行動是相當重要的，總不能讓一個辛苦經營起來的石油城，隨著石油枯竭而在地球上消失。

一言以蔽之，大慶市未來長遠的發展方向，是逐漸擺脫「單純依靠石油吃飯」的一元化經濟體系，陸續建立多層次加工體系、多種產業結構、多元化的經濟成份（國有、非國有並舉），更重要的是，引進市場經濟機制，使它成為現代化的綜合性工商城市。

當時大慶石化總廠技術處長華慶民告訴我說：「以往計畫經濟時代，國家交給大慶的任務是提供原物料，大慶是國家重要的原物料供應基地。現今國家已落實社會主義市場經濟體制，企業經營必須講究效益。大慶再也不能單靠原物料生存發展了。」

五大項目投資計畫

我去大慶石化總廠採訪的那一天，適逢聯合國在大慶開會，邀集中外學者專家群研商大慶未來的發展方向。華慶民說，大慶石化總廠已向這個會議提出了五大投資項目計劃，供與會專家學者討論，並研究與海外石化產業體系銜接發展的可行性。

這五大項目包括：潤滑油，PTA（對苯二甲酸）、苯乙烯與丁二烯、線性低密度聚乙烯、石油焦。此一系列投資的戰略目標，是讓大慶石化總廠的產品結構，從目前的以上游原料為主體，進一步擴張到中游產品。

至於下游加工產業的發展，華慶民指出，大慶方面亦已將此列為中長期目標。他並且深知，台灣石化工業體系除具有上、中游原材料的生產實力外，特別是有一大群從事下游加工的中小企業者，為台灣石化工業創造了高度的附加價值，成為台灣經濟發展的重要動力。華慶民說，大慶歡迎像王永慶這樣的大企業家來投資上、中游產品，也歡迎廣大的中小企業來此設立下游加工廠。他相信，以大慶地近俄羅斯、獨聯體（獨立國協）、東歐市場的地利之便，這裡值得那些放眼北方市場的台商加以關注。

以往大慶總是向外面輸出較低價值的原物料，再以較高價輸入加工製成品。現在，他們已下定決心，改造這套不利的經濟生態。

從奶粉到糧食的深加工

處在黑龍江大草原中的大慶市，另一個值得開發的自然資源，就是牧業產品。這裡的鹼性土地長出的牧草品質特別好，養出來的奶牛、綿羊、山羊，產品樣樣有潛力。例如「大慶奶粉」，在黑龍江即有盛名，不過，當時大慶奶粉只有袋裝，沒像外國產品做成精緻的鐵罐裝。單有良好品質，卻不易創造高度的商業價值。肉品、毛皮的情況也一樣，缺乏深加工。深加工已成為外商前來此地投資的一大商機。

糧食加工也是大慶市極力向外商推銷的「賣點」。此地因自然條件因素，稻米、小麥產量較小，但玉米、黃豆、高粱卻不虞匱乏，大慶市頗有意與外商合作發展飼料業或黃豆食品業。這裡另生產南方見不到的製糖原料—甜菜。

土特產方面，大慶市特別強調轄下林甸縣的礦泉水與溫泉，據稱已通過國家級檢驗機構論證為最優質產品，正等待外商來投資。還有蘆葦資源，大慶市正在開發成造紙工業。

事實上，無論水草如何豐美，大慶市最希望的還是工業製造能夠向「高、精、尖」領域進軍。這才是後勁十足的「共同富裕」道路。

進軍高新技術產業

為此，大慶市已開闢了一個國家級的「大慶高新技術產業開發區」，準備以當地的石油產業為基礎，優先發展石油和石油化工設備技術、精細化工技術以及與石油和石油化工相關的，能夠解決生產急需的電子技術、光機電一體化技術、核能工程應用技術、生物工程技術、新材料新能源和高效節能技術。當時已有一家台商在開發區內投資生物工程，而在大慶投資的十五家台商，還有一家投資生產塑膠板裝飾材料，其餘有不少是經營餐飲娛樂業。大慶市因有石油資源，生活水平比較高，商業稱得上活潑，娛樂事業也發達，甚至有人說「大慶的夜生活比哈爾濱還豐富呢！」

從歷史發展過程來看，大慶市真的是徹徹底底改變了。早在一九六〇年代出油之初，大慶市是和「艱苦奮鬥，自力更生」畫上等號的，「鐵人王進喜」的故事曾在神州大地傳頌多時。文革期間，「工業學大慶」的口號震天價響，大慶一度成為「抓革命、促生產」的典型；當時從全國各地趕到大慶學習的人們，總是冒著嚴寒，住在簡陋的帳棚，以突出無產階級艱苦樸素的精神。一九八〇年左右，鄧小平到大慶市巡視，一句指示：「要把大慶建設成美麗的城市！」大慶的發展道路立即發生重大轉折。

「革命經濟」與「市場經濟」的矛盾

近幾年來，大慶市市區冒出了好多片新樓群。大慶石油管理局在它的總部所在地—薩爾圖區的西邊，蓋出了一座嶄新的城中之城，高層辦公樓、住宅樓、商場、銀行齊全，蔚成一個「副都心」。手筆更大的，則是大慶市人民政府在薩爾圖區的東邊造出了一個新市鎮—東風新村，以現代化的布局，把精心設計的政府辦公樓和市屬機構寬鬆地安置在園林之中。我跑過大陸許多地方，但很少看過一個地級市有如此大的手筆。其中，大慶市人民政府辦公樓蓋得比黑龍江省人民政府還要氣派。

總的來說，該次採訪大慶，感覺那裡是「草原中的經濟奇蹟」，也聞出大慶透出的「財大氣粗」味道。

回來之後，這麼多年，我時時刻刻關注著大慶的一舉一動，知道大慶年年在為保持石油高產紀錄而奮鬥，也知道大慶一直在賣力進行國企改革和發展非國有經濟。但其間最讓我震驚的，是大慶市有關當局在二〇〇〇年前後，爆出嚴重的違反經濟紀律的事件，引發震動海內外的職工示威抗爭事件，而且，曾經採訪過的若干市領導，因有違法亂紀事實而遭免職或鋃鐺入獄。大慶市從「革命經濟」走出來，顯然還不能充分適應市場經濟社會的運作規範，它的合理致富之道，還有待琢磨。

第十章

現場觀察「農業學大寨」的來龍去脈

文革時期，「農業學大寨」的口號震天價響，但文革結束後，中共吹起改革開放的號角，位在山西省的大寨，頓時「豬羊變色」，成為政治錯誤的反面事物。一九九七年筆者去了大寨，實地考察大寨人如何調整過去，走出將來，行程中還見到著名的「鐵姑娘」郭鳳蓮，作了深度訪談。

回溯一九四九年以來中共經濟路線的變遷，人們絕對無法忽略「農業學大寨」這一段。

山西省昔陽縣的黃土丘陵裡，有個鼎鼎大名的「大寨村」（圖三），那就是文化大革命期間全國「農業學大寨」典範的所在地。

以政治熱情帶動農業生產

文革時期大寨模式的基本精神，是在毛澤東思想指引下，以集體政治熱情帶動農業生產，而完全排除資本主義的利潤誘因和個人單幹。所以當時那裡出了許多如軍隊般的生產戰鬥隊伍，也出了陳永貴、郭鳳蓮、宋立英這樣一批名聞大江南北的勞動模範人物。

但是，文革結束後，中共吹起改革開放的號角，大寨卻因與文革有著千絲萬縷的牽連，頓時「豬羊變色」，成為政治錯誤的反面事物。

愛讀中共黨史的我，一直想實地探究一個問題，就是像大寨這樣的「文革式生產樣板」單位究竟如何自處於改革開放大潮之中？

看了陳永貴和郭沫若的墓地

機會終於來了。一九九七年元月，我從山西省會太原市出發，經過榆次市，終於來到慕名已久的大寨村，訪問了郭鳳蓮，見到了宋立英，還在虎頭山上看了陳永貴和郭沫若的墓地。在山上舉目望向文革時期生產戰鬥隊戰天鬥地所闢出來的梯田，彷彿在讀一部厚厚的中共經濟滄桑史。

走進大寨村時，看見「支農池」旁矗立著一座新字碑，由當時中共國務院副總理鄒家華署名題寫「發揚大寨精神，堅持改革開放」。這是當今改革開放時代，中共中央給予大寨村的新精神指針。

村裡的解說員卻告訴我們說，這座字碑以紅色作底色，「象徵毛主席的精神依舊在指引著我們。」毛澤東生前極力肯定的「大寨精神」，主要指「自力更生，奮發圖強」，如今仍然受中共當局的保存與發揚，解說員這樣的講法，並沒有「今非昨是」的含意。不過，筆者在大寨村，卻實地體會了他們從舊體制轉向新體制的陣痛，像破繭而出，也像分娩。而現今大寨村結合新舊所展現的「集體主義」作風，更是眼下大陸眾多農村的風格。

無產階級專政的代表

說到大寨，人們立刻聯想到：「工業學大慶，農業學大寨，全國學人民解放軍」。這是在文革時期傳頌大江南北的一組口號，當時即使遠在山邊水涯，也幾乎無人不能琅琅上口。

在文革結束已有二十個年頭的那時，我進入這個名震全大陸的小村，交通路線是從山西省會太原市走上新通車的「太舊」（太原—舊關）高速公路往東行約一百二十公里，下了高速公路，再走二十多公里，途經昔陽縣城抵大寨村。這裡是黃土高坡、雜糧田、土屋和窯洞的組合，一派「大西北」的景觀。由於缺水，生產條件相當艱困。

一九五〇、六〇年代，大寨村民在當時村裡的黨支部書記陳永貴的帶領下，以艱苦樸素的「革命精神」和惡劣的自然環境搏鬥，他們挾政治熱情奮戰黃土地；闢梯田、興水渠、深耕密植，把這方蒼涼的大地建設成黃土高原上的「小江南」（早年的宣傳用言）。其中，「鐵姑娘」郭鳳蓮的故事更是膾炙人口。一九六四年，毛澤東題寫了「農業學大寨」，大寨一躍為全國爭相學習的樣板。接下來從一九六六年開始的文革時期，大寨的聲望直逼頂峰，陳永貴甚至被提拔進中央，出任國務院副總理。他頭上總是綁著一條毛巾，十足的農民扮相，即使參加國務會議或接見外賓時也不例外，這形象使陳永貴成了文革時期「無產階級專政」的代表人物。

郭鳳蓮重回大寨

在文革意識型態的主導下，大寨當年毫無疑問是非常共產主義化的，生產、生活完全集體化，一切講究「公」，「無私無我」成了聖經，「資本主義尾巴」也割得徹底，商品的生產和交換幾乎絕跡。全村「以糧為綱」，在「熱愛黨、熱愛毛主席」的政治熱情激勵下，「深挖洞，廣積糧」。生產，靠政治熱情，分配，也憑政治忠誠度，當年評勞動成果的「政治工分」，人們記憶猶新。

早年和毛澤東、周恩來都彼此熟識的郭鳳蓮，在文革結束後曾一度離開，近年重回大寨之後倒是向前看了，她把過往的「農業學大寨」改成「大寨向全國學習」。「走出去才有希望」，郭鳳蓮告訴我說，一九九一年她剛回大寨時，村子的情況十分困難，村民晚上打麻將，白天到處遊走，村中亂七八糟，人均年收入只值七百元，除糧食外，再也沒餘錢了。村民見她回來，紛紛找上門、要工作。郭鳳蓮第一步先帶他們走出大寨，到華西村、大邱莊，去看別人怎麼做。

換腦筋並非易事

在這片曾經被極左思想統治過的黃土地上，打破大鍋飯體制是一項大工程。經過郭鳳蓮不斷的帶隊外出考察及與村民深入商議，一番折騰之後，才把那些早已在外面世界搞得風風火火的家庭聯產承包責任制、鄉鎮企業、外資企業等新事物，深植入大寨村民的思路裡。換腦筋果真不是易事。

郭鳳蓮另外一件得意事，是打破大寨村民閉關自守的觀念。她說：「我們要走出去，也要讓別人走進來。」根據她的講法，大寨村民原本排斥「讓外人來賺錢」，也反對外人來管村中的事，經過她一番教育，觀念變了。

當時，村裡有了第一家外資企業，香港中策集團來辦的水泥廠。而所謂的「外人」，包括境外與外省市，像江蘇江陰就來這裡辦了羊毛衫廠，品牌叫「大寨牌」；我去這個廠採訪時，廠長講得妙：「別看我們生產的衣服不是大紅色就是深黑，就以為跟不上沿海的流行，實際上這附近的農家婦女，愛穿大紅，而煤礦工人，不穿深黑色怎麼行？」這裡主要面向農村市場，營商絕不能不入境問俗。

江澤民希望他們打造「億元村」

幾年努力下來，大寨村交出的成績單還算有看頭。擁有一百四十戶，五百三十口人的大寨村，工農總產值從一九九一年的二百六十萬元增加到一九九六年的三千多萬元。一九九六年向上級政府交納的稅金及各項專項基金近四百萬元，號稱是全昔陽縣四百二十三個行政村的第一位。

不過，原任中共中央總書記江澤民對大寨村有更大的期待。一九九六年江澤民有次到太原視察，郭鳳蓮去看他，當面邀請江澤民到大寨村走一趟，江澤民回答她說，等大寨村成了產值達億元的「億元村」，他一定會去視察。江澤民話中有話，大概是要大寨村思想更解放一點，發展的步子要更快一點。

但從沿海發達地區的標準來看大寨，卻可以發現許多值得大寨人深思的問題點。

沿襲「先生產，後生活」的精神

首先是，村內屋舍太老舊，給人的第一個觀感是「衰落」，連一位二十年後重訪斯土的太原官員也有感而發：「村子的外觀和二十年前看到的沒兩樣。」這和市場經濟社會講門面的作風大相逕庭。

郭鳳蓮對此有一番解釋，就是她沿襲了早年陳永貴「先生產，後生活」的精神，當時他們白天造公田，晚上才摸黑修自已的住房，這也是一種「先公後私」的表現。今天大寨村依然把資本金大部投注在生產設施上，住房則讓它繼續老舊下去。村內最光鮮的建築物，只是新建成的廠房和一座新蓋的小學。「樸素的無產階級作風」誠令人動容，但不免令那些來考察的外商望之卻步。

就拿我投宿的旅店來說，這家名為「大寨國際旅行社」，在文革期間以接待全國各地前來實地體會「農業學大寨」人潮而聞名的村中唯一旅館，因年久失修，連珠江三角洲的普通農家住房都不如，這樣的水平，如何招徠海內外工商人士？

她出差不敢住星級賓館

其次，郭鳳蓮本人的行事風格，似乎也有調整的餘地。她說不久前去內蒙古和當地一家酒廠洽談在大寨村合作製酒的事情，晚上投宿時發現是一家三星級賓館。趕緊退出來，轉到一家沒空調的小旅館，結果，在寒天之下被凍了三、四日。這艱苦樸素的故事，具有道德情操，但也脫不了「平均主義」的意味。而在現代工商社會，平均主義常常有負面作用。試想，談生意住小旅館，在談判對手心目中豈不是貶低了自己的身價，一談就矮人一截。這在市場經濟社會中，可能是個忌諱。

大陸很多農村都有一個大家長式的「能人」，郭鳳蓮擔當的就是這個角色。要幹好這樣的工作是很苦的，她一人挑起全村生產、生活等各方面的事務，親自過問各工廠營運之外，還要執掌財物的分配。在「集體主義」的主導下，全村幾乎成了一個農工商合作社。而她的經營手法是很社會主義的，辦公司的盈餘拿來買農業生產用物料，無償供應農民、組工作隊為農民無償代耕及代收。教育方面，村中正在逐步落實九年義務教育，同時撥款資助考上大專的青年，每人每年五百至一千元。至於老人福利，對五十歲以上老人，每人每月發給四十至六十元的養老金，醫療費一千元以內者可全部報銷，一千元以上則看情況而定。

從體力勞動轉為腦力勞動

郭鳳蓮說，現在改革開放了，但以前留下來的艱苦奮鬥、自力更生精神，仍是改革開放過程中所不可廢棄的，這兩者非但不矛盾，還可作「有機的結合」，「條件不好的地方，更需要艱苦奮鬥！」而且，郭鳳蓮感覺，她個人現在比過去當「鐵姑娘」時還要辛苦，「以前幹體力勞動，陳永貴說什麼，我們就做什麼。現在天天要用腦力想事情、解決問題，走進市場有如上了戰場，體力、腦力都艱苦。」她說。

我去採訪時的大寨村，靠的是郭鳳蓮一人獨挑大樑，但有沒有人想到，將來有一天，要是沒有了這樣的「能人」，大寨村將何去何從？培養新一代的接班人？或是趕緊健全法治體制，讓大寨村能有一個長治久安的可持續發展環境，以較少受到人事變動的衝擊？這也是大陸廣大農村共同面對的問題。

該次採訪在大寨村停留了兩天，上了虎頭山，去看陳永貴的墓、登上周恩來休息過的涼亭，眺望遠近，則滿眼盡是「勞動人民」用雙手造出來的梯田及灌溉渠道。

俐落且世故的勞動模範

村子裡也深入地走了一圈，進了陳永貴生前居住的窯洞，看了幾個生產車間和學校。中途遇見早年陳永貴手下的另一位勞動模範宋立英女士。當時六十幾歲的宋立英，身體還很硬朗，她熱情地拉著我的手說：「要常常來哦！台灣也是中國的領土。我們都是一家人。」她的言談俐落且世故，不像農村的老婦。

大寨人其實是很見過世面的，來視察的中共國家領導人，和來參訪的外國國王、總統，見得太多了。現階段他們最需要細加認識的，莫過於「改革開放」和「市場經濟」了。

第十一章

聽見「革命聖地」遵義大放台灣流行曲

中共黨史上赫赫有名的「遵義會議」，使貴州遵義這個地方名聞海內外。我本以為該地迄今革命風格十足，未料去實地採訪時，卻聽到當地一所學校大放台灣流行曲「惜別的海岸」。

讀「中共黨史」一定會讀到「遵義會議」。遵義在貴州省北部，是中共革命聖地之一，與陝西省的延安齊名（圖五）。

遵義之所以被稱為革命聖地，乃因一九三五年元月中共「長征」隊伍來到這裡，召開了「遵義會議」，會中以毛澤東為首的「本土派」打敗了蘇聯指揮的「國際派」。毛澤東在此取得紅軍的最高領導權，成為中共黨內頭號的實權人物。

中共當年反敗為勝的轉捩點

海外有部份學者（如本書作者的老師鄭學稼教授）認為，遵義會議後，中共成為毛澤東一人獨大的「毛澤東黨」。而中共則認為，遵義會議後，紅軍在毛澤東的領導下，扭轉了失敗的命運，得以站穩腳跟，進而在一九四九年打敗國民黨，建立國家政權，因此，遵義會議被定位為「中共走向勝利的起點」。

無論如何，貴州遵義是研究中共的人的必訪之地。我原本就一直找機會去那裡一探究竟，直到一九九六年年末才實現計劃，親身走進遵義市。

遵義市和台灣的往來相對稀疏，比較常被提到的是一九四九年去台國民黨黨政軍人員的返鄉探親。至於台商，家數則偏少，當年採訪時，聽說的是個位數。二〇〇四年我在香港機場認識一位台商，他表述自己「在貴州遵義投資種水果」，覺得很稀有。

不過，那次去遵義採訪，第二天大清早就接觸到濃濃的「台灣味」——記得在睡夢中被一陣陣熟悉的音樂聲吵醒，傾耳一聽，居然是台語流行曲「惜別的海岸」演奏曲。旅館隔壁的一家重點中學那天開運動會，用了這首曲子作會場的插播曲，透過擴音器播出來，方圓一兩公里內都聽得很清晰，只是他們並不一定知道這是一首台語歌。

菸酒撐起一方經濟

其實，說遵義與台灣的往來很少，是應該商榷的。因為雙方人民已在不經意間作了很多交流，遵義人無意間聽了台灣歌是小事，更值得一提的是，台灣人在不經意間喝了很多遵義的酒，但有幾個人清楚，名滿中外的茅台酒，就是產自遵義地區的仁懷縣。而遵義市也出產了名酒隊伍中的「董酒」。

採訪遵義產業，第一個被介紹的是釀酒業。當時遵義「地區台辦」董主任和遵義「市台辦」孫主任一再宣傳說：「遵義酒最大的特色，一是喝了不上頭，二是喝了不口渴。」

當時遵義市副市長張洪生說，酒的收入佔整個遵義地區財政收入的百分之二十。另外，菸的收入更大。說菸酒是此地的支柱產業，一點也不為過。

但張洪生卻更強調這裡的機電、金屬、化工業。原來，位處山區的遵義城，是中共早年發展內陸工業的一個重點，這裡有幾個「工業小霸」，包括號稱「全國最大」的錳鐵合金廠、海綿鈦廠、低壓電器廠，以及「全國主力生產基地」的鋼絲繩廠、高錳酸鉀廠、電解二氧化錳廠、ＴＭＰ廠、燒鹼廠等。除此之外，張洪生還津津樂道投產不久，年產五萬輛的「航天牌」輕型汽車廠。

陽剛氣很重的城市

烈酒加上這些機電、金屬、化工產品，使得遵義城顯露出「剛性」的色彩。加上一九三五年中共紅軍長征過程中在這裡開過「遵義會議」的「革命淵源」，使這座城市的陽剛氣更濃。

從產業面看，「陽剛氣」可以解釋為，這裡的工業，原材料份量重，深加工體系相對薄弱。如張洪生當時坦言，這裡的服裝行業比較落後，「因款式、材料都落後於沿海」。

除此之外，第三產業也有待大力發展。當時還沒有三星級賓館，而街上的飲食行業和一般商店，繁榮程度也遠不如沿海。說它是經濟開發的處女地並不為過。遵義吸引台外商的最大優勢，是鐵、鋁土、汞、錳、煤等礦產及由其衍生的加工業。另外，此地也富產米、小麥、玉米及豬、牛、羊等農產。至於工資、地價，當然比沿海城市便宜很多。

與重慶的關係緊密化

事實上，遵義經濟上最大的課題，就是打開對外交通瓶頸。連接貴陽的高速公路當時還沒建，我從貴陽去遵義，一百五十公里路顛顛簸簸四個小時。難怪這裡台商很少，當時四、五家台商，有的做婚紗攝影，有的做餐飲娛樂，規模都不起眼，傳有一家台商在遵義開發區內搞鋁型材加工，但該市官方並無紀錄。

遵義盼望通過連接重慶的高速公路（現已建成），使這個城市和直轄市的重慶市關係緊密化。貨物從遵義拉到重慶的長江碼頭裝船，三百三十公里路，時間可以縮短到四、五個小時。滾滾長江，可能為遵義帶來台外商的人流、貨流與錢流，但關鍵是必需把便捷的交通線拉起來。「要想富，先修路」，這句話是遵義人特別刻骨銘心的。

第十二章

在毛澤東的家鄉看「市場經濟」

毛澤東的出生地湖南韶山，是大陸群眾很熱中參訪的地點。一九九三年毛澤東百歲冥誕那一年，我也「隨大流」地到達韶山作實地採訪，見識當地「依託偉人身影」搞經濟發展的場面，事後還順道去了鄰縣的劉少奇故居。

沒想到韶山的交通如此方便，早上九時坐汽車自長沙市區出發，十點多就到韶山「上屋場」的毛澤東故居。沿途道路寬敞平整，如在沿海發達地區。當地一位朋友說：「文革時就修好馬路了，還特地拉了一條鐵路過來，方便群眾來朝聖嘛！」

兩主席原是鄰縣人

一九九三年十二月二十六日是毛澤東百歲冥誕，海內外掀起了「毛澤東熱」，毛的家鄉—湖南省韶山市，歷經十幾年的相對沈寂後，再度人氣蒸騰。（圖七）

無法免俗，我於一九九三年稍早跑了一趟韶山。這趟「毛澤東家鄉之旅」，一口氣跑了位在「韶山沖」上屋場的毛澤東故居，還到了毛澤東發動文革前隱匿十餘天的處所—滴水洞別墅，以及在文革中被鬥死的前「共和國主席」劉少奇的故居—湖南省寧鄉縣花明樓的「炭子沖」。

這三個地點，均在湖南省會長沙市方圓百公里之內，當地旅遊單位特別推出「長沙—花明樓—韶山沖—滴水洞—長沙」的旅遊路線，一趟旅行，飽覽「兩位主席」的遺跡，頗受旅客歡迎，蔚成旅遊商業的「拳頭商品」。

曾引來紅衛兵搞大串聯

由於沾了「偉人」的光，這一帶的交通建設做得相當不錯（華國鋒擔任中共湖南省委第一書記時，即因全力推動毛澤東家鄉交通建設而大受賞識）。其公路平整，鐵路從長沙直通韶山，如此交通線，在文革時期吸引了從五湖四海蜂擁前來此地搞大串聯的紅衛兵。

文革、紅衛兵，俱往矣！然而，那「千萬別忘記階級鬥爭」的「不斷革命」年代所造成的衝擊，到那時還深深地在此一湘北大地留著刻痕。

我以「改革開放」的眼光去檢驗這一帶，發現那時它的經濟建設腳步確實落後了。那時，一走出長沙城區，滿眼盡是綠油油的稻田，夾雜土灰灰的農舍，農村景象美則美矣，但卻令人慨嘆，湖南農民非但沒搞起如蘇南、珠江三角洲鄉鎮企業連雲的場面，即連耕作行為，也似乎還在奉行「以糧為綱」的老教條，除了種稻，還是種稻。

當地官員否認保守

背負「農業大省」包袱的湖南人，在解放思想方面常需「臨門一腳」。一九七〇年代末期，胡耀邦（也是湖南人）提倡「實踐是檢驗真理的唯一標準」，用以打破「兩個凡是派」的思想束縛，大陸各省市先後響應，最後剩下湖南省按兵不動。據說，當時有人指著地圖對湖南省當局說：「看哪！全國就剩下湖南省和台灣省沒表態了！」湖南省當局受到諷刺後，才邁出步伐，跟了上去。

曾拿此傳言和湖南省的一位官員討論，對方堅決不承認，他急著反駁：「你們外頭的人搞不清楚情況，別道聽塗說了！」言下之意，是湖南省近幾年搞改革開放的積極性，絕不在其他省市之下。

不講湖南全省，單看韶山，發現那裡搞改革開放的心意是有的，但方法上似乎有待琢磨。依當時韶山現場所見，有形式主義的一面，更有漫無章法的一面。一座廣達數十畝的大市場，草率地蓋著塑料板雨棚，裡頭聚集了數百個攤位，盡賣雜七雜八的旅遊紀念品。這市場的旁邊，是好幾間形式簡陋的房子，隔出了數十家的小飯館，店名多和毛家掛鉤，有一家居然叫「毛遠新餐廳」（毛遠新是毛澤東的侄兒，文革時期權傾一時）。

「大集中」的計劃經濟遺風

這幅畫面，不折不扣是「大一統」、「大集中」的計劃經濟遺風。近來大陸媒體陸陸續續撰文，寫韶山的商業蓬勃發展，講「毛主席的家鄉大搞市場經濟」，用以暗示鄧小平路線已「發展了」毛澤東思想，成為經濟的新主流。可是，就親眼所見，還是少了一份像沿海一帶亂中有序的「市場經濟」韻味。

因此，在巨大的集中大市場形式之外，另有脫序的一面，當時最令人印象深刻的是，毛澤東故居週圍，盡是流動小攤小販，有些還擺賣到了「毛主席的家門口」，顯然是主管單位無意管制或管理無方。我對湖南的朋友說：「有關當局似乎不怎麼尊重毛澤東。」朋友理直氣壯回答：「不是尊重不尊重，而是給週圍的農民多一些發財的機會，也算不辜負毛主席一生照顧農民的好意啊！」

其實，對毛澤東的感情，和搞改革開放，根本是兩碼子事，問題在於，似乎有部份人至今仍揹負著「毛主席家鄉」的意識型態包袱，而毛澤東思想，彷彿仍在不知不覺中左右他們的行為模式，毋怪乎，當時韶山市市區依然像個農村的市集，「重農主義」色彩濃厚，其現代化的程度，甚至比不上閩西山區的一些縣城。

緬懷歷史和發展經濟互不相悖

湖南人脾氣倔強（所以被稱為「騾子」），且又足智多謀（所以出了許多國共兩黨的將相之才），他們絕對有足夠的聰明，來把毛澤東定位在適當的歷史位置上，一來保有「毛主席家鄉」的光彩，二來又能夠實事求是地把經濟建設搞上去。

中國大陸近年流行一幅對聯：

翻身不忘毛澤東

致富感謝鄧小平

這對聯巧妙地化解了毛與鄧之間的矛盾，把兩個世代聯成一個環環相扣的發展過程。如果它說得對，那麼，所謂「翻身」已是過去式，「致富」才是當前急務。韶山人大可智慧地「把歷史還給歷史」，以現代化的市場經濟方法勇敢闖出一片新天地。

具體地說，前來毛澤東故居參訪的人潮，其實是發展現代化工商業的根本。當地政府大可利用這項資源，把韶山建成一個湖南經濟的新「亮點」，以爭取更大的附加價值。

附錄

附錄一

胡錦濤二〇〇二年十二月「西柏坡講話」全文

堅持發揚艱苦奮鬥的優良作風 努力實現全面建設小康社會的宏偉目標

編按：胡錦濤於二〇〇二年十一月正式接任中共中央總書記，次月初首次出京視察，目的地是中共革命聖地—河北省平山縣西柏坡。他在西柏坡發表了這篇重要講話。由於這篇講話充分顯示了胡錦濤的執政理念與意向，甚具有參考價值，本書特予以全文轉載，內文小標為本書作者所加。

這次，我和中央書記處的幾位同志一起到西柏坡來，主要目的是回顧我們黨帶領人民進行偉大革命鬥爭的歷史，重溫毛澤東同志在黨的七屆二中全會上的重要講話，牢記毛澤東同志當年倡導的「兩個務必」，首先從自身做起，並號召全黨同志特別是領導幹部，大力發揚艱苦奮鬥的作風，為實現黨的十六大確定的目標和任務開拓進取、團結奮鬥。

全面建設小康社會

剛剛閉幕的黨的十六大，全面分析新世紀新階段黨和國家面臨的新形勢新任務，把「三個代表」重要思想同馬克思列寧主義、毛澤東思想、鄧小平理論一道確立為我們黨必須長期堅持的指導思想，科學總結黨領導人民建設中國特色社會主義的基本經驗，提出全面建設小康社會的奮鬥目標和推進各方面工作的方針政策，選舉產生了新一屆中央領導集體，從思想上、政治上、組織上為黨和國家事業在新世紀新階段的發展奠定了堅實的基礎。

現在，目標已經確定，藍圖已經繪就。要實現宏偉目標，把藍圖變成美好的現實，需要全黨同志和全國各族人民團結一致，艱苦奮鬥。在這樣的時刻，重溫毛澤東同志在黨的七屆二中全會上的重要講話，重溫鄧小平同志、江澤民同志關於全黨和全國人民要長期艱苦奮鬥的一系列論述，結合新的實際堅持做到「兩個務必」，具有十分重要的意義。

使全黨同志保持高度警覺

通過參觀學習，我們進一步瞭解了黨的七屆二中全會和毛澤東同志提出「兩個務必」的歷史背景和重大意義。從一九四七年五月劉少奇、朱德同志抵達西柏坡和一九四八年四月周恩來、任弼時同志、五月毛澤東同志抵達西柏坡，到一九四九年三月廿三日毛澤東同志和黨中央離開西柏坡前往北京，這一段時期在我們黨的歷史上具有重大的意義。周恩來同志曾經說過，西柏坡是我們黨進入北京、解放全中國的最後一個農村指揮所，黨中央和毛澤東同志在這裡指揮了遼瀋、平津、淮海三大戰役。一九四九年三月五日到十三日，我們黨在西柏坡召開了七屆二中全會。這是我們黨在中國革命的重大歷史關頭召開的一次極其重要的會議。當時，中國革命處於全國勝利的前夜。我們黨領導人民經過廿八年的浴血奮戰，即將完成以農村包圍城市、最後奪取全國勝利的歷史任務，掌握全國政權、建立新中國的歷史使命擺在了黨的面前。隨著中國革命局勢的勝利發展，我們黨面臨的主要任務將由通過武裝鬥爭奪取政權轉向掌握全國政權、領導人民建設國家，我們黨的工作重心將由農村轉向城市。面對這個重大的歷史轉折，黨中央和毛澤東同志深刻地認識到，如何使全黨同志在偉大的勝利面前保持清醒的頭腦，在奪取全國政權後經受住執政的考驗，始終堅持黨的性質和宗旨，防止出現驕傲自滿、貪圖享樂、脫離群眾而導致人亡政息的危險，是我們黨面臨的全新的歷史性課題，必須及時地、鄭重地向全黨提出這個問題，使全黨同志保持高度的警覺，做好充分的思想準備。在黨的七屆二中全會上，毛澤東同志高瞻遠矚地向全黨特別是高級幹部敲了警鐘，提出了全黨同志必須做到「兩個務必」的著名論述。這裡，我想完整地念一下這段論述。

重溫毛澤東當年的講話

毛澤東同志深刻地指出：《我們很快就要在全國勝利了。這個勝利將衝破帝國主義的東方戰線，具有偉大的國際意義。奪取這個勝利，已經是不要很久的時間和不要花費很大的氣力了；鞏固這個勝利，則是需要很久的時間和要花費很大的氣力的事情。資產階級懷疑我們的建設能力。帝國主義者估計我們終久會要向他們討乞才能活下去。因為勝利，黨內的驕傲情緒，以功臣自居的情緒，停頓起來不求進步的情緒，貪圖享樂不願再過艱苦生活的情緒，可能生長。因為勝利，人民感謝我們，資產階級也會出來捧場。敵人的武力是不能征服我們的，這點已經得到證明了。資產階級的捧場則可能征服我們隊伍中的意志薄弱者。可能有這樣一些共產黨人，他們是不曾被拿槍的敵人征服過的，他們在這些敵人面前不愧英雄的稱號；但是經不起人們用糖衣裹著的炮彈的攻擊，他們在糖彈面前要打敗仗。我們必須預防這種情況。奪取全國勝利，這只是萬里長征走完了第一步。如果這一步也值得驕傲，那是比較渺小的，更值得驕傲的還在後頭。在過了幾十年之後來看中國人民民主革命的勝利，就會使人們感覺那好像只是一齣長劇的一個短小的序幕。劇是必須從序幕開始的，但序幕還不是高潮。中國的革命是偉大的，但革命以後的路程更長，工作更偉大，更艱苦。這一點現在就必須向黨內講明白，務必使同志們繼續地保持謙虛、謹慎、不驕、不躁的作風，務必使同志們繼續地保持艱苦奮鬥的作風。我們有批評和自我批評這個馬克思列寧主義的武器。我們能夠去掉不良作風，保持優良作風。我們能夠學會我們原來不懂的

東西。我們不但善於破壞一個舊世界，我們還將善於建設一個新世界。》

必須長期艱苦奮鬥

毛澤東同志的這段論述非常重要，特別是其中的兩個重要思想具有長遠的指導意義。一是，在偉大的成就面前，黨內一部分同志可能會驕傲起來，貪圖享樂的思想可能滋長，不願意再做艱苦的工作，如果不堅決防範和克服這種情緒，黨的事業就不能繼續向前發展，甚至會失敗。二是，不論我們黨取得什麼樣的成就，都必須長期艱苦奮鬥，始終堅持馬克思主義政黨的本色和宗旨，不斷維護和實現最廣大人民的根本利益，這樣我們黨才能始終保持同人民群眾的血肉聯繫，始終得到廣大人民群眾的擁護和支持，始終立於不敗之地。

新中國成立五十多年來，我們黨對堅持艱苦奮鬥的問題一直是高度重視的，總是反復地、經常地向全黨同志特別是領導幹部加以強調。

新中國成立後，毛澤東同志曾多次要求全黨同志和領導幹部要堅持艱苦奮鬥。他說：《要使全體幹部和全體人民經常想到我國是一個社會主義的大國，但又是一個經濟落後的窮國，這是一個很大的矛盾。要使我國富強起來，需要幾十年艱苦奮鬥的時間。》他強調：《我們要保持過去革命戰爭時期的那麼一股勁，那麼一股革命熱情，那麼一種拚命精神，把革命工作做到底。》

要老老實實地艱苦創業

黨的十一屆三中全會以後，鄧小平同志一再告誡全黨：《中國搞四個現代化，要老老實實地艱苦創業。我們窮，底子薄，教育、科學、文化都落後，這就決定了我們還要有一個艱苦奮鬥的過程。》他還說：《艱苦奮鬥是我們的傳統，艱苦樸素的教育今後要抓緊，一直要抓六十至七十年。我們的國家越發展，越要抓艱苦創業。提倡艱苦創業精神，也有助於克服腐敗現象。》

黨的十三屆四中全會以後，江澤民同志反復強調全黨特別是領導幹部要永遠艱苦奮鬥。一九九一年九月，江澤民同志專程來到西柏坡，強調在新的歷史條件下全黨同志必須始終堅持「兩個務必」，並作了重要題詞：「牢記兩個務必，建設有中國特色的社會主義。」一九九五年，江澤民同志強調：《艱苦奮鬥，是中國共產黨的光榮傳統，是我們黨保持同人民群眾密切聯繫的一個法寶，也是一個幹部特別是領導幹部必須具備的基本政治素質。我們黨正是靠艱苦奮鬥不斷發展壯大起來的。過去幹革命需要艱苦奮鬥，今天搞社會主義現代化建設，同樣要靠艱苦奮鬥。》一九九七年，江澤民同志指出：《黨的性質和肩負的歷史使命，決定了我們艱苦奮鬥的本色。實現黨的崇高理想需要經過長時間的奮鬥，廣大黨員和幹部無論在什麼情況下都要發揚艱苦奮鬥精神，永不停步地前進。》二〇〇一年十一月，他到河北考察工作時，再一次要求全黨同志堅持「兩個務必」，指出：《要結合新的實際在全體黨員幹部中廣泛開展堅持『兩個務必』的教

育，使全黨同志在日益複雜的國內外環境中始終保持清醒的頭腦，居安思危，增強憂患意識，扎扎實實地為國家和人民工作。》

喝采聲越多越要保持清醒

黨的三代領導核心關於堅持艱苦奮鬥的論述，語重心長、寓意深刻，我們要認真領會，切實貫徹。

現在，我國已進入全面建設小康社會、加快推進社會主義現代化的新的發展階段。經過十一屆三中全會以來二十多年特別是十三屆四中全會以來十三年的艱苦奮鬥，我國的改革開放和社會主義現代化建設取得了舉世矚目的偉大成就，我們完全有理由為此感到自豪，但我們決不能自滿，決不能懈怠，決不能停滯。成績越大，喝彩聲越多，我們越要保持清醒的頭腦。而且，必須看到，我們取得的成就只是在偉大征途上邁出的堅實一步，要完成十六大提出的全面建設小康社會的奮鬥目標，要完成基本實現現代化、把我國建設成為富強民主文明的社會主義國家的歷史任務，要不斷開創中國特色社會主義事業新局面，我們要走的路還長得很，我們肩負的任務還很艱巨，我們可能遇到的困難和挑戰還會很多，我們必須始終謙虛謹慎、艱苦奮鬥。

黨同人民群眾血肉聯繫

中華民族歷來以勤勞勇敢、不畏艱苦著稱於世。我們的古人早就講過，「艱難困苦，玉汝於成」，「居安思危，戒奢以儉」，「憂勞興國，逸豫亡身」，「生於憂患，死於安樂」，等等。這些警世名言，今天對我們依然有著重要的啟示作用。歷史和現實都表明，一個沒有艱苦奮鬥精神作支撐的民族，是難以自立自強的；一個沒有艱苦奮鬥精神作支撐的國家，是難以發展進步的；一個沒有艱苦奮鬥精神作支撐的政黨，是難以興旺發達的。在我們黨八十多年的歷程中，艱苦奮鬥作為強大的精神力量，始終激勵著我們頑強進取、百折不撓，在各種困難和考驗面前巍然屹立、敢於勝利。可以說，我們黨是靠艱苦奮鬥起家的，也是靠艱苦奮鬥發展壯大、成就偉業的。沒有艱苦奮鬥，就沒有我們黨今天的局面。艱苦奮鬥作為我們黨的優良傳統和作風，作為我們馬克思主義政黨的政治本色，是凝聚黨心民心、激勵全黨和全體人民為實現國家富強、民族振興共同奮鬥的強大精神力量，是我們黨保持同人民群眾血肉聯繫的一個重要法寶。在革命戰爭年代和社會主義革命、建設、改革時期，千千萬萬革命先輩和共產黨人為了黨和人民的事業無私奉獻、忘我奮鬥，他們中的許多人不惜犧牲了寶貴的生命，譜寫了我們黨堅持艱苦奮鬥的壯麗篇章。我們永遠不能忘記他們為黨和人民建立的豐功偉績，永遠不能忘記他們用生命培育的奮鬥精神，一定要繼承和發揚他們的優秀品質和崇高精神，做到為黨和人民的事業生命不息、奮鬥不止。

經得起各種誘惑

應該看到，這些年來，拜金主義、享樂主義和奢靡之風在黨員隊伍和幹部隊伍中有滋長蔓延之勢，艱苦奮鬥的優良作風在一部分黨員、幹部那裡被淡忘了，在少數人那裡甚至被丟得差不多了。大量事實表明，在新的歷史條件下，能不能堅持發揚艱苦奮鬥的優良作風，能不能經得起權力、金錢、美色的誘惑，對每個黨員特別是領導幹部是一個很現實的考驗。我們講艱苦奮鬥，當然不是要人們去過清教徒式、苦行僧式的生活，也不是要否定合理的物質利益，而是要大力提倡艱苦奮鬥、自強不息，與時俱進、開拓創新的精神，要求每個領導幹部始終保持共產黨人的政治本色。越是改革開放和發展社會主義市場經濟，越要弘揚艱苦奮鬥的精神。即使將來我們的國家發達了，人民的生活富裕了，艱苦奮鬥的精神也不能丟。那種認為艱苦奮鬥是老一套、已經過時了的想法是錯誤的，也是很有害的。

這裡，我向全黨同志特別是領導幹部提四點希望。

現在的小康還是低水平的

第一，牢記我國的基本國情和我們黨的莊嚴使命，樹立為黨和人民長期艱苦奮鬥的思想。要深刻認識堅持艱苦奮鬥的重要性，關鍵是要清醒地認識我國的基本國情。我國正處於並將長期處於社會主義初級階段，人民日益增長的物質文化需要同落後的社會生產之間的矛盾仍然是我國社會的主要矛盾。十六大報告在提出全面建設小康社會的奮鬥目標時，深刻分析了我們面臨的突出問題和困難，向全黨和全國人民明確提出了必須長時期艱苦奮鬥的要求。我國是一個有近十三億人口的發展中大國，生產力和科技、教育比較落後，實現工業化和現代化還有很長的路要走。我國人民生活總體上達到了小康水準，但現在達到的小康還是低水準的、不全面的、發展很不平衡的小康，鞏固和提高目前達到的小康水準，還需要進行長期的艱苦奮鬥。同世界先進水準相比，我國的經濟實力、科技實力、國防實力還存在很大的差距，我們仍然面臨發達國家在經濟科技等方面佔優勢的壓力。面對複雜多變的國際局勢，國內繁重艱巨的改革、建設任務和我們黨肩負的莊嚴使命，我們沒有任何理由陶醉於已有的成績而稍有懈怠，沒有任何理由固步自封而止步不前，沒有任何理由滿足現狀而不思進取。全黨同志特別是各級領導幹部必須清醒地看到激烈的國際競爭給我們帶來的嚴峻挑戰，清醒地看到我們肩負的任務的艱巨性和複雜性，清醒地看到我們工作中存在的困難和風險，增強憂患意識，居安思危，深刻認識堅持艱苦奮鬥的極端重要性，牢固樹立為黨和人民長期艱苦奮鬥的思想。

權為民所用　情為民所繫　利為民所謀

第二，牢記全心全意為人民服務的宗旨，始終不渝地為最廣大人民謀利益。艱苦奮鬥，是我們黨作為馬克思主義政黨的本色，也是我們黨堅持執政為民、始終成為中國特色社會主義事業領導核心的必然要求。只有堅持艱苦奮鬥，心中裝著人民群眾，始終同人民群眾同呼吸、共命運、心連心，才能保持我們黨同人民群眾的血肉聯繫，才能增強抵禦腐朽思想侵蝕的能力，才能不斷與時俱進、開拓創新。如果丟掉了艱苦奮鬥的作風，貪圖享樂，不願意再做艱苦的工作，對群眾的疾苦漠然置之，對群眾的呼聲充耳不聞，就必然會脫離群眾。牢記黨的宗旨，堅持艱苦奮鬥，這兩者之間有著十分緊密的聯繫。只有牢記全心全意為人民服務的宗旨，才能保持艱苦奮鬥的革命意志和革命品格；只有堅持艱苦奮鬥，才能更好地履行全心全意為人民服務的宗旨。堅持艱苦奮鬥，根本目的就是要為最廣大人民的根本利益而不懈努力，不斷把人民群眾的利益維護好、實現好、發展好。這也是我們貫徹「三個代表」重要思想的必然要求。各級領導幹部要堅持深入基層、深入群眾，傾聽群眾呼聲，關心群眾疾苦，時刻把人民群眾的安危冷暖掛在心上，做到權為民所用，情為民所繫，利為民所謀。尤其要關心那些生產和生活遇到困難的群眾，深入到貧困地區、困難企業中去，深入到下崗職工、農村貧困人口、城市貧困居民等困難群眾中去，千方百計地幫助他們解決實際困難。要通過扎實有效的工作，實實在在地為群眾謀利益，帶領群眾創造自己的幸福生活。

反對形式主義和官僚主義

第三，牢記黨的基本理論、基本路線、基本綱領和基本經驗，以艱苦奮鬥的精神做好各項工作。發揚艱苦奮鬥的作風，要同貫徹落實黨的基本理論、基本路線、基本綱領和基本經驗緊密結合起來，同全面貫徹落實「三個代表」重要思想緊密結合起來。實踐證明，要把黨的事業不斷推向前進，需要有正確理論、路線和方針政策的指引，還要有良好的精神狀態和扎實的作風，經過艱苦奮鬥，把各項工作落到實處。我們講要聚精會神搞建設，一心一意謀發展，不下真功夫、苦功夫是不行的。所有領導幹部要保持昂揚向上的精神狀態，發揚百折不撓的鬥志，堅定不移地在工作中貫徹落實黨的理論、路線和方針政策，扎扎實實地做好各項工作。要堅持實現遠大目標和切實做好當前工作的統一，堅持發揚共產黨人的革命精神和堅持科學務實態度的統一，腳踏實地，埋頭苦幹，講實效，辦實事，堅決反對形式主義和官僚主義。要不畏艱難，奮力拼搏，勇於開拓，善於創新，在帶領群眾戰勝困難的過程中，切實落實黨的方針政策，全面做好改革發展穩定的各項工作。

堅定正確的政治方向

第四，牢記黨和人民的重託和肩負的歷史責任，自覺在艱苦奮鬥的實踐中加強黨性鍛煉。

毛澤東同志曾經指出：《堅定正確的政治方向，是與艱苦奮鬥的工作作風不能脫離的，沒有堅定正確的政治方向，就不能激發艱苦奮鬥的工作作風；沒有艱苦奮鬥的工作作風，也就不能執行堅定正確的政治方向。》毛澤東同志的這段話，深刻地揭示了堅持正確的政治方向和堅持艱苦奮鬥之間的辯證關係。對於共產黨員和領導幹部來說，保持和弘揚艱苦奮鬥的精神，說到底就是牢固樹立和堅持馬克思主義的世界觀、人生觀、價值觀的問題。只有從根本上解決好世界觀、人生觀、價值觀的問題，牢固樹立群眾觀點，才能使艱苦奮鬥的精神在思想上真正紮根、在行動上自覺體現。只有真正做到為黨和人民艱苦奮鬥，才能在思想上作風上真正貼近群眾，也才能在實踐中不斷解決好世界觀、人生觀、價值觀的問題。總之，艱苦奮鬥既是我們必須大力弘揚的工作作風，又是我們必須大力弘揚的思想作風，是共產黨人應有的政治品質。

反對鋪張浪費、大手大腳

大力弘揚艱苦奮鬥的精神，關鍵是領導幹部要以身作則，首先是高級幹部要率先垂範。我們手中的權力是黨和人民賦予的，只能用來為廣大人民謀利益。要樹立正確的權力觀，堅持立黨為公、執政為民，真正為人民掌好權、用好權，做到夙興夜寐、勤奮工作。無論在成績面前還是在困難面前，領導幹部都要始終保持謙虛謹慎、不驕不躁的作風，保持艱苦奮鬥的作風。各級領導幹部特別是年輕幹部，要自覺地發揚腳踏實地、真抓實幹的作風，弘揚艱苦樸素、勤儉建國的精神，堅決反對浮躁浮誇、急功近利，堅決反對鋪張浪費、大手大腳。各級領導幹部要在實踐中不斷加強自身修養，牢固樹立艱苦奮鬥的思想，磨練艱苦奮鬥的意志，始終堅持講學習、講政治、講正氣，始終做到自重、自省、自警、自勵，始終保持共產黨人的蓬勃朝氣、昂揚銳氣、浩然正氣，扎扎實實、踏踏實實地工作，不斷為黨和人民建立新的業績。

毛澤東說「進京趕考」意味深長

一九四九年三月廿三日上午，從西柏坡動身前往北京的時候，毛澤東同志說：《今天是進京趕考的日子。》這是一句意味深長的話。毛澤東同志充分估計到，在這個重大歷史關頭，黨所肩負的任務是繁重的，黨所面臨的挑戰是嚴峻的，需要全黨同志繼續進行艱苦的努力。五十多年的實踐證明，在黨的三代中央領導集體的領導下，我們黨在這場考試中取得了優異的成績。今天，在新世紀新階段，我們黨要帶領人民實現全面建設小康社會的奮鬥目標，不斷開創中國特色社會主義事業新局面，是這場考試的繼續。我們新一屆中央領導集體的同志，所有領導幹部和全體黨員，一定要高舉鄧小平理論偉大旗幟，全面貫徹「三個代表」重要思想，緊緊依靠全國各族人民，在這場考試中經受考驗，努力交出優異的答卷。

資料來源：新華社

附錄二

毛澤東在「七屆二中全會」上的報告（摘錄）

編按：中國共產黨七屆二中全會（第七屆中央委員會第二次全體會議），在一九四九年三月五日至十三日舉行於河北省平山縣西柏坡村。這是中共進入北京建立中華人民共和國國家政權之前的最後一次「中全會」，毛澤東在會上發表了這篇報告。由於中共現任總書記胡錦濤相當推崇這篇報告，本書特將該報告節錄登出。文內小標為本書作者所加。

爭取民族資產階級分子的合作

在城市鬥爭中，我們依靠誰呢？有些糊塗的同志認為不是依靠工人階級，而是依靠貧民群眾。有些更糊塗的同志認為是依靠資產階級。在發展工業的方向上，有些糊塗的同志認為主要地不是幫助國營企業的發展，而是幫助私營企業的發展；或者反過來，認為只要注意國營企業就夠了，私營企業是無足輕重的了。

我們必須批判這些糊塗思想。我們必須全心全意地依靠工人階級，團結其他勞動群眾，爭取知識分子，爭取盡可能多的能夠同我們合作的民族資產階級分子及其代表人物站在我們方面，或者使他們保持中立，以便向帝國主義者、國民黨、官僚資產階級作堅決的鬥爭，一步一步地去戰勝這些敵人。

同時即開始著手我們的建設事業，一步一步地學會管理城市，恢復和發展城市中的生產事業。關於恢復和發展生產的問題，必須確定，第一是國營工業的生產，第二是私營工業的生產，第三是手工業生產。

從我們接管城市的第一天起，我們的眼睛就要向著這個城市的生產事業的恢復和發展。務須避免盲目地亂抓亂碰，把中心任務忘記了，以至於佔領一個城市好幾個月，生產建設的工作還沒有上軌道，甚至許多工業陷於停頓狀態，引起工人失業，工人生活降低，不滿意共產黨。這種狀態是完全不能容許的。

為了這一點，我們的同志必須用極大的努力去學習生產的技術和管理生產的方法，必須去學習同生產有密切聯繫的商業工作、銀行工作和其他工作。只有將城市的生產恢復起來和發展起來了，將消費的城市變成生產的城市了，人民政權才能鞏固起來。

城市中其他的工作，例如黨的組織工作，政權機關的工作，工會的工作，其他各種民眾團體的工作，文化教育方面的工作，肅反工作，通訊社報紙廣播電台的工作，都是圍繞著生產建設這一個中心工作並為這個中心工作服務的。

如果我們在生產工作上無知，不能很快地學會生產工作，不能使生產事業盡可能迅速地恢復和發展，獲得確實的成績，首先使工人生活有所改善，並使一般人民的生活有所改善，那我們就不能維持政權，我們就會站不住腳，我們就會要失敗。

有利的資本主義成分應允許其存在發展

我們已經進行了廣泛的經濟建設工作，黨的經濟政策已經在實際工作中實施，並且收到了顯著的成效。但是，在為什麼應當採取這樣的經濟政策而不應當採取別樣的經濟政策這個問題上，在理論和原則性的問題上，黨內是存在著許多糊塗思想的。

這個問題應當怎樣來回答呢？我們認為應當這樣地來回答。中國的工業和農業在國民經濟中的比重，就全國範圍來說，在抗日戰爭以前，大約是現代性的工業佔百分之十左右，農業和手工業佔百分之九十左右。這是帝國主義制度和封建制度壓迫中國的結果，這是舊中國半殖民地和

附錄二：毛澤東在「七屆二中全會」上的報告（摘錄）

半封建社會性質在經濟上的表現，這也是在中國革命的時期內和在革命勝利以後一個相當長的時期內一切問題的基本出發點。

從這一點出發，產生了我黨一系列的戰略上、策略上和政策上的問題。對於這些問題的進一步的明確的認識和解決，是我黨當前的重要任務。這就是說：

第一，中國已經有大約百分之十左右的現代性的工業經濟，這是進步的，這是和古代不同的。由於這一點，中國已經有了新的階級和新的政黨—無產階級和資產階級，無產階級政黨和資產階級政黨。無產階級及其政黨，由於受到幾重敵人的壓迫，得到了鍛煉，具有了領導中國人民革命的資格。誰要是忽視或輕視了這一點，誰就要犯右傾機會主義的錯誤。

第二，中國還有大約百分之九十左右的分散的個體的農業經濟和手工業經濟，這是落後的，這是和古代沒有多大區別的，我們還有百分之九十左右的經濟生活停留在古代。古代有封建的土地所有制，現在被我們廢除了，或者即將被廢除，在這點上，我們已經或者即將區別於古代，取得了或者即將取得使我們的農業和手工業逐步地向著現代化發展的可能性。但是，在今天，在今後一個相當長的時期內，我們的農業和手工業，就其基本形態說來，還將是分散的和個體的，即是說，同古代近似的。誰要是忽視或輕視了這一點，誰就要犯「左」傾機會主義的錯誤。

第三，中國的現代性工業的產值雖然還只佔國民經濟總產值的百分之十左右，但是它卻極為集中，最大的和最主要的資本是集中在帝國主義者及其走狗中國官僚資產階級的手裡。沒收這些資本歸無產階級領導的人民共和國所有，就使人民共和國掌握了國家的經濟命脈，使國營經濟成為整個國民經濟的領導成份。這一部分經濟，是社會主義性質的經濟，不是資本主義性質的經濟。誰要是忽視或輕視了這一點，誰就要犯右傾機會主義的錯誤。

第四，中國的私人資本主義工業，佔了現代性工業中的第二位，它是一個不可忽視的力量。中國的民族資產階級及其代表人物，由於受了帝國主義、封建主義和官僚資本主義的壓迫或限制，在人民民主革命鬥爭中常常採取參加或者保持中立的立場。由於這些，並由於中國經濟現在還處在落後狀態，在革命勝利以後一個相當長的時期內，還需要盡可能地利用城鄉私人資本主義的積極性，以利於國民經濟的向前發展。在這個時期內，一切不是於國民經濟有害而是於國民經濟有利的城鄉資本主義成份，都應當容許其存在和發展。這不但是不可避免的，而且是經濟上必要的。

但是中國資本主義的存在和發展，不是如同資本主義國家那樣不受限制任其泛濫的。它將從幾個方面被限制——在活動範圍方面，在稅收政策方面，在市場價格方面，在勞動條件方面。我們要從各方面，按照各地、各業和各個時期的具體情況，對於資本主義採取恰如其分的有伸縮性的限制政策。孫中山的節制資本的口號，我們依然必須用和用得著。

但是為了整個國民經濟的利益，為了工人階級和勞動人民現在和將來的利益，決不可以對私人資本主義經濟限制得太大太死，必須容許它們在人民共和國的經濟政策和經濟計劃的軌道內有存在和發展的餘地。對於私人資本主義採取限制政策，是必然要受到資產階級在各種程度和各種方式上的反抗的，特別是私人企業中的大企業主，即大資本家。限制和反限制，將是新民主主義國家內部階級鬥爭的主要形式。

如果認為我們現在不要限制資本主義，認為可以拋棄「節制資本」的口號，這是完全錯誤的，這就是右傾機會主義的觀點。但是反過來，如果認為應當對私人資本限制得太大太死，或者認為簡直可以很快地消滅私人資本，這也是完全錯誤的，這就是「左」傾機會主義或冒險主義的觀點。

第五，占國民經濟總產值百分之九十的分散的個體的農業經濟和手工業經濟，是可能和必須謹慎地、逐步地而又積極地引導它們向著現代化和集體化的方向發展的，任其自流的觀點是錯誤的。

必須組織生產的、消費的和信用的合作社，和中央、省、市、縣、區的合作社的領導機關。這種合作社是以私有制為基礎的在無產階級領導的國家政權管理之下的勞動人民群眾的集體經濟組織。中國人民的文化落後和沒有合作社傳統，可能使得我們遇到困難，但是可以組織，必須組織，必須推廣和發展。

單有國營經濟而沒有合作社經濟，我們就不可能領導勞動人民的個體經濟逐步地走向集體化，就不可能由新民主主義社會發展到將來的社會主義社會，就不可能鞏固無產階級在國家政權中的領導權。誰要是忽視或輕視了這一點，誰也就要犯絕大的錯誤。

國營經濟是社會主義性質的，合作社經濟是半社會主義性質的，加上私人資本主義，加上個體經濟，加上國家和私人合作的國家資本主義經濟，這些就是人民共和國的幾種主要的經濟成份，這些就構成新民主主義的經濟形態。

第六，人民共和國的國民經濟的恢復和發展，沒有對外貿易的統制政策是不可能的。從中國境內肅清了帝國主義、封建主義、官僚資本主義和國民黨的統治（這是帝國主義、封建主義和官僚資本主義三者的集中表現），還沒有解決建立獨立的完整的工業體系問題，只有待經濟上獲得了廣大的發展，由落後的農業國變成了先進的工業國，才算最後地解決了這個問題。而欲達此目的，沒有對外貿易的統制是不可能的。

中國革命在全國勝利，並且解決了土地問題以後，中國還存在著兩種基本的矛盾。第一種是國內的，即工人階級和資產階級的矛盾。第二種是國外的，即中國和帝國主義國家的矛盾。因為這樣，工人階級領導的人民共和國的國家政權，在人民民主革命勝利以後，不是可以削弱，而是必須強化。對內的節制資本和對外的統制貿易，是這個國家在經濟鬥爭中的兩個基本政策。誰要是忽視或輕視了這一點，誰就將要犯絕大的錯誤。

第七，中國的經濟遺產是落後的，但是中國人民是勇敢而勤勞的，中國人民革命的勝利和人民共和國的建立，中國共產黨的領導，加上世界各國工人階級的援助，其中主要地是蘇聯的援助，中國經濟建設的速度將不是很慢而可能是相當地快的，中國興盛是可以計日成功的，對於中國經濟復興的悲觀論點，沒有任何的根據。

務必保持謙虛、謹慎、不驕、不躁的作風

我們很快就要在全國勝利了。這個勝利將衝破帝國主義的東方戰線，具有偉大的國際意義。奪取這個勝利，已經是不要很久的時間和不要花費很大的氣力了；鞏固這個勝利，則是需要很久的時間和要花費很大的氣力的事情。資產階級懷疑我們的建設能力。帝國主義者估計我們終久會要向他們討乞才能活下去。

因為勝利，黨內的驕傲情緒，以功臣自居的情緒，停頓起來不求進步的情緒，貪圖享樂不願再過艱苦生活的情緒，可能生長。

因為勝利，人民感謝我們，資產階級也會出來捧場。敵人的武力是不能征服我們的，這點已經得到證明了。資產階級的捧場則可能征服我們隊伍中的意志薄弱者。可能有這樣一些共產黨人，他們是不曾被拿槍的敵人征服過的，他們在這些敵人面前不愧英雄的稱號；但是經不起人們用糖衣裹著的砲彈的攻擊，他們在糖彈面前要打敗仗。我們必須預防這種情況。

奪取全國勝利，這只是萬里長征走完了第一步。如果這一步也值得驕傲，那是比較渺小的，更值得驕傲的還在後頭。在過了幾十年之後來看中國人民民主革命的勝利，就會使人們感覺那好像只是一齣長劇的一個短小的序幕。劇是必須從序幕開始的，但序幕還不是高潮。

中國的革命是偉大的，但革命以後的路程更長，工作更偉大，更艱苦。這一點現在就必須向黨內講明白，務必使同志們繼續地保持謙虛、謹慎、不驕、不躁的作風，務必使同志們繼續地保持艱苦奮鬥的作風。我們有批評和自我批評這個馬克思列寧主義的武器。我們能夠去掉不良作風，保持優良作風。我們能夠學會我們原來不懂的東西。我們不但善於破壞一個舊世界，我們還將善於建設一個新世界。中國人民不但可以不要向帝國主義者討乞也能活下去，而且還將活得比帝國主義國家要好些。

資料來源：人民出版社《毛澤東選集》

附錄三
毛澤東「論十大關係」（摘錄）

編按：一九五六年四月二十五日，毛澤東在中共中央政治局擴大會議上，以「論十大關係」為題，發表了重要講話。本書作者認為，這篇講話的基本精神，對當前中共總書記胡錦濤的「科學發展觀」思想的形成頗有影響，因而予以摘錄，供讀者參考。

最近幾個月，中央政治局聽了中央工業、農業、運輸業、商業、財政等三十四個部門的工作彙報，從中看到一些有關社會主義建設和社會主義改造的問題。綜合起來，一共有十個問題，也就是十大關係。

提出這十個問題，都是圍繞著一個基本方針，就是要把國內外一切積極因素調動起來，為社會主義事業服務。

什麼是國內外的積極因素？在國內，工人和農民是基本力量。中間勢力是可以爭取的力量。反動勢力雖是一種消極因素，但是我們仍然要作好工作，儘量爭取化消極因素為積極因素。在國際上，一切可以團結的力量都要團結，不中立的可以爭取為中立，反動的也可以分化和利用。總之，我們要調動一切直接的和間接的力量，為把我國建設成為一個強大的社會主義國家而奮鬥。

下面我講十個問題。

一、重工業和輕工業、農業的關係

重工業是我國建設的重點。必須優先發展生產資料的生產，這是已經定了的。但是決不可以因此忽視生活資料尤其是糧食的生產。如果沒有足夠的糧食和其他生活必需品，首先就不能養活工人，還談什麼發展重工業？所以，重工業和輕工業、農業的關係，必須處理好。

我們現在的問題，就是還要適當地調整重工業和農業、輕工業的投資比例，更多地發展農業、輕工業。這樣，重工業是不是不為主了？它還是為主，還是投資的重點。但是，農業、輕工業投資的比例要加重一點。

這兒發生一個問題，你對發展重工業究竟是真想還是假想，想得厲害一點，還是差一點？你如果是假想，或者想得差一點，那就打擊農業、輕工業，對它們少投點資。你如果是真想，或者想得厲害，那你就要注重農業、輕工業，使糧食和輕工業原料更多些，積累更多些，投到重工業方面的資金將來也會更多些。

二、沿海工業和內地工業的關係

我國的工業過去集中在沿海。所謂沿海，是指遼寧、河北、北京、天津、河南東部、山東、安徽、江蘇、上海、浙江、福建、廣東、廣西。

過去朝鮮還在打仗，國際形勢還很緊張，不能不影響我們對沿海工業的看法。現在，新的侵華戰爭和新的世界大戰，估計短時期內打不起來，可能有十年或者更長一點的和平時期。這樣，如果還不充分利用沿海工業的設備能力和技術力量，那就不對了。不說十年，就算五年，我們也應當在沿海好好地辦四年的工業，等第五年打起來再搬家。

好好地利用和發展沿海的工業老底子，可以使我們更有力量來發展和支援內地工業。如果採取消極態度，就會妨礙內地工業的迅速發展。所以這也是一個對於發展內地工業是真想還是假想的問題。如果是真想，不是假想，就必須更多地利用和發展沿海工業，特別是輕工業。

三、經濟建設和國防建設的關係

國防不可不有。現在，我們有了一定的國防力量。經過抗美援朝和幾年的整訓，我們的軍隊加強了，比第二次世界大戰前的蘇聯紅軍要更強些，裝備也有所改進。我們的國防工業正在建立。自從盤古開天闢地以來，我們不曉得造飛機，造汽車，現在開始能造了。

我們現在已經比過去強，以後還要比現在強，不但要有更多的飛機和大炮，而且還要有原子彈。在今天的世界上，我們要不受人家欺負，就不能沒有這個東西。怎麼辦呢？可靠的辦法就是把軍政費用降到一個適當的比例，增加經濟建設費用。只有經濟建設發展得更快了，國防建設才能夠有更大的進步。

這裡發生這麼一個問題，你對原子彈是真正想要、十分想要，還是只有幾分想，沒有十分想呢？你是真正想要、十分想要，你就降低軍政費用的比重，多搞經濟建設。

四、國家、生產單位和生產者個人的關係

國家和工廠、合作社的關係，工廠、合作社和生產者個人的關係，這兩種關係都要處理好。為此，就不能只顧一頭，必須兼顧國家、集體和個人三個方面，也就是我們過去常說的「軍民兼顧」、「公私兼顧」。

拿工人講，工人的勞動生產率提高了，他們的勞動條件和集體福利就需要逐步有所改進。我們歷來提倡艱苦奮鬥，反對把個人物質利益看得高於一切，同時我[illegible]

活，反對不關心群眾痛癢的官僚主義。隨著整個國民經濟的發展，工資也需要適當調整。

這裡談一下工廠在統一領導下的獨立性問題。把什麼東西統統都集中在中央或省市，不給工廠一點權力，一點機動的餘地，一點利益，恐怕不妥。各個生產單位都要有一個與統一性相聯繫的獨立性，才會發展得更加活潑。

合作社同農民的關係也要處理好。在合作社的收入中，國家拿多少，合作社拿多少，農民拿多少，以及怎樣拿法，都要規定得適當。

除了遇到特大自然災害以外，我們必須在增加農業生產的基礎上，爭取百分之九十的社員每年的收入比前一年有所增加，百分之十的社員的收入能夠不增不減，如有減少，也要及早想辦法加以解決。

總之，國家和工廠，國家和工人，工廠和工人，國家和合作社，國家和農民，合作社和農民，都必須兼顧，不能只顧一頭。

五、中央和地方的關係

中央和地方的關係也是一個矛盾。解決這個矛盾，目前要注意的是，應當在鞏固中央統一領導的前提下，擴大一點地方的權力，給地方更多的獨立性，讓地方辦更多的事情。

中央要發展工業，地方也要發展工業。就是中央直屬的工業，也還是要靠地方協助。至於農業和商業，更需要依靠地方。總之，要發展社會主義建設，就必須發揮地方的積極性。中央要鞏固，就要注意地方的利益。

我們要提倡同地方商量辦事的作風。黨中央辦事，總是同地方商量，不同地方商量從來不冒下命令。在這方面，希望中央各部好好注意，凡是同地方有關的事情，都要先同地方商量，商量好了再下命令。

我們的憲法規定，立法權集中在中央。但是在不違背中央方針的條件下，按照情況和工作需要，地方可以搞章程、條例、辦法，憲法並沒有約束。我們要統一，也要特殊。為了建設一個強大的社會主義國家，必須有中央的強有力的統一領導，必須有全國的統一計畫和統一紀律，破壞這種必要的統一，是不允許的。同時，又必須充分發揮地方的積極性，各地都要有適合當地情況的特殊。

六、漢族和少數民族的關係

我國少數民族人數少，占的地方大。論人口，漢族占百分之九十四，是壓倒優勢。如果漢人搞大漢族主義，歧視少數民族，那就很不好。而土地誰多呢？土地是少數民族多，占百分之五十到六十。我們說中國地大物博，人口眾多，實際上是漢族「人口眾多」，少數民族「地大物博」，至少地下資源很可能是少數民族「物博」。

在少數民族地區，經濟管理體制和財政體制，究竟怎樣才適合，要好好研究一下。

七、黨和非黨的關係

究竟是一個黨好，還是幾個黨好？現在看來，恐怕是幾個黨好。不但過去如此，而且將來也可以如此，就是長期共存，互相監督。

我們有意識地留下民主黨派，讓他們有發表意見的機會，對他們採取又團結又鬥爭的方針。一切善意地向我們提意見的民主人士，我們都要團結。

黨政機構要精簡，不是說不要民主黨派。希望你們抓一下統一戰線工作，使他們和我們的關係得到改善，盡可能把他們的積極性調動起來為社會主義服務。

八、革命和反革命的關係

反革命是什麼因素？是消極因素，破壞因素，是積極因素的反對力量。反革命可不可以轉變？當然，有些死心塌地的反革命不會轉變。但是，在我國的條件下，他們中間的大多數將來會有不同程度的轉變。由於我們採取了正確的政策，現在就有不少反革命被改造成不反革命了，有些人還做了一些有益的事。

九、是非關係

黨內黨外都要分清是非。如何對待犯了錯誤的人，這是一個重要的問題。正確的態度應當是，對於犯錯誤的同志，採取「懲前毖後，治病救人」的方針，幫助他們改正錯誤，允許他們繼續革命。

對於犯了錯誤的同志，有人說要看他們改不改。我說單是看還不行，還要幫助他們改。這就是說，一要看，二要幫。人是要幫助的，沒有犯錯誤的人要幫助，犯了錯誤的人更要幫助。人大概是沒有不犯錯誤的，多多少少要犯錯誤，犯了錯誤就要幫助。

對於革命來說，總是多一點人好。犯錯誤的人，除了極少數堅持錯誤、屢教不改的以外，大多數是可以改正的。

「懲前毖後，治病救人」的方針，是團結全黨的方針，我們必須堅持這個方針。

十、中國和外國的關係

我們提出向外國學習的口號，我想是提得對的。現在有些國家的領導人就不願意提，甚至不敢提這個口號。這是要有一點勇氣的，就是要把戲臺上的那個架子放下來。

應當承認，每個民族都有它的長處，不然它為什麼能存在？為什麼能發展？同時，每個民族也都有它的短處。有人以為社會主義就了不起，一點缺點也沒有了。哪有這個事？應當承認，總是有優點和缺點這兩點。

我們的方針是，一切民族、一切國家的長處都要學，政治、經濟、科學、技術、文學、藝術的一切真正好的東西都要學。但是，必須有分析有批判地學，不能盲目地學，不能一切照抄，機械搬用。他們的短處、缺點，當然不要學。

我曾經說過，我們一為「窮」，二為「白」。「窮」，就是沒有多少工業，農業也不發達。「白」，就是一張白紙，文化水準、科學水準都不高。從發展的觀點看，這並不壞。窮就要革命，富的革命就困難。科學技術水準高的國家，就驕傲得很。我們是一張白紙，正好寫字。

因此，這兩條對我們都有好處。將來我們國家富強了，我們一定還要堅持革命立場，還要謙虛謹慎，還要向人家學習，不要把尾巴翹起來。

資料來源：人民出版社《毛澤東選集》

國立中央圖書館出版品預行編目資料

中國濤金潮---深度檢視胡錦濤的財經DNA / 李孟洲作；台北市：晴易文坊, 2006[95]面；21×15公分.

ISBN 957-29211-5-0 (平裝)

1. 經濟政策－中國大陸

552.24　　94023435

為提高書目資料傳輸效益，書號中心採行「電腦線上自動傳真」方式，若有不清楚的地方，請與本中心聯繫，以便重新傳真。謝謝！
服務專線：02-23619132轉701

《中國濤金潮》
深度檢視胡錦濤的財經DNA

作者　李孟洲
發行所　晴易文坊媒體行銷有限公司
總編輯　楊逢元
執行編輯　王惠雅
封面設計　葉鴻鈞
美術構成　何仙玲
發行人　石育鐘
地址　台北市吉林路286號7樓
電話　02-2523-7150
傳真　02- 2531-3970
網址　http://www.sunbook.com.tw
電子信箱　editer@sunbook.com.tw
郵政劃撥　帳號：19587854
戶名　晴易文坊媒體行銷有限公司
總經銷　紅螞蟻圖書有限公司
電話　02-2795-3656
電子信箱　red0511@ms51.hinet.net
製版印刷　懋元彩色印刷有限公司
出版日期　2006年元月
定價　300元